吃鯛魚燒遇到康德？
煮拉麵秒懂柏拉圖！
好吃就是零卡路里？

餐桌上的哲學課
原來哲學竟如此美味！

吳秀珉（오수민）著／徐小為 譯

序

人們聽到「哲學」這個單字的時候，大致可以分為以下這兩種反應：一邊說著哲學好難，在別人什麼都還沒說之前，就先拚命搖手的「哲學很難」派；還有會從「哲學不就是一種文字遊戲嗎？」開頭，最後以「所以學哲學以後要靠什麼吃飯？」作結尾的「哲學不實用」派。運氣好的話雖然有可能遇到第三種反應，不過我每次說自己主修哲學的時候，接下來得到的反應不外乎就是這兩者之一。

大學三年級時，我偶然接觸到哲學課程，等到反應過來，才發現自己已經在申請轉入哲學系了。我的朋友、學長姐，甚至哲學系必修課的教授們都在擔心我的就業問題，對此表示相當憂心，但我卻無論如何都執意要讀哲學系。因為很晚才開始念哲學，所以每個學期都被必修課占滿了，直到快要畢業的時候，都還沒有「讀哲學的日子就要在這劃上句點了啊」的念頭。最後，我決定繼續攻讀哲學研究所。

光聽這個故事，各位大概會以為我酷愛哲學；但其實正式開始學哲學之前，我也屬於前面說過的那兩種人，兩者都是。我原本主修理科，也許正因為如此，我曾經對哲學這種思辯性的學問充滿偏見，認為它著實不管用。再加上每次接觸到哲學家們說的話，覺得難懂得要命，尼采說了什麼，康德又說了什麼，這些片面的文本盡是一些讓人聽不懂的東西，不斷地築高了我們心理上的障壁而已。

這樣的我，為什麼會把未來的工作抵押進去，變得一心沉浸於哲學之道呢？其實真的很簡單，單純只是因為哲學「非常有趣」的關係。

雖然我以前是個哲學門外漢，甚至還帶有先入為主的偏見，但實際親自學習之後，我馬上就發現，哲學絕非難到遙不可及，也絕對不是就算學了，仍無法運用在日常生活中的無用之物。從前之所以會認為哲學是一堆聽不懂的話，是因為我只是毫無脈絡地，接觸到一些論述格外繁瑣的哲學家們的文字而已。不只哲學，只要是初次接觸不太熟悉的領域，理所當然會無法完全理解，但我卻在無意間閃過「因為是哲學嘛」的念頭，擅自認定所有哲學都很困難。

哲學其實是由各領域所集結而成，我也發現，學哲學並不一定要從亞里斯多德或笛卡兒開始學起。讀了語言哲學（philosophy of language）裡彷彿科幻小說般的假設，讓人不禁對哲學家們的想像力嘖嘖稱奇；知識論（epistemology）中仍在激烈交戰的各式論點，讀起來簡直就像看運動比賽轉播一樣趣味盎然。那些過去覺得枯燥乏味，從很久以前流傳下來的古老哲學問題，在了解其脈絡之後，竟都能明白哲學家們之所以如此熱切鑽研的理由了。這些問題不僅和我們的人生有著很深的關聯，也正因如此才能在長長的時間河流中，持續不斷地受到人們的關注。

還不只如此，開始學哲學之後，我幾乎在日常生活的所有元素當中，都能找到哲學的概念。有一天，我的沐浴乳用完了，正在藥妝店讀著各式各樣的商品說明，想挑出一瓶喜歡的，卻忽然想起了「自然主義（naturalism）」。

記得上課時學過，要定義「正確」這種理念性的價值時，只要利用存在於大自然中的自然物去說明，就會變成「自然主義式」的說明。不過現在拿在我手裡的沐浴乳們，卻充滿了「非自然主義式」的說明！如果上面寫「散發大馬士革玫瑰與檸檬馬鞭草香氣」，即相當符合自然主義，但我挑的沐浴乳說明卻都是一些「優雅而惹人憐愛的香氣」，不管從哪個角度來看均屬非常「非自然主義」，所以選起來著實費了一番功夫。

像這樣在日常中發現哲學，讓我開始發現「哲學和我的生活其實是很密切的」。因而也正如此，我更能輕易地親近哲學，更能津津有味地去探索我所學習的內容。因為這直接關係到我的每一天，如果對其毫不關心，反而更奇怪。

結論就是，哲學實在太有趣了。有趣到讓人覺得過往不了解哲學的每一天，實在太浪費了。

我也是因為這樣，才開始撰寫跟哲學有關的文章。猜想，一定有很多人跟過去的我一樣，對哲學有誤會，或者完全不懂哲學的趣味在哪裡。我以一個已經親身體會過哲學樂趣的角色，跟更多人一起分享這份樂趣。所以雖然仍有不足，我還是開始動筆了，寫些在日常生活中，容易遇見哲學要素的內容。

食物這個主題，也是在日常生活中最容易接觸到的。我之所以在各式素材中選擇透過食物解析哲學，也包含了這個原因。因為希望讀者可以盡量感受到，哲學就在最近的地方（當然，其中也稍微有些出自個人的私心，想把最喜歡的兩件事合在一起。）只要能在離自己很近、每天都會面對的餐桌上發現哲學，一定能解開哲學與生活距離遙遠的誤會。

連曾經對哲學抱持各種誤會的我，都能如此沉浸在哲學的樂趣之中，所以我深信，其他人一定也能感受到哲學的迷人之處，於是寫下了這些文字。但在開始之前，我有幾句叮嚀。哲學原本就是一門應該拿起書，坐下來好好研讀的學問，我雖然告訴各位生活中處處存在著哲學，但哲學僅是存在於那個地方，卻不代表那就是哲學。我寫這本書的目的，是希望能幫助讀者打破心中哲學的高牆，朝哲學踏出一步，過程中雖然會介紹哲學的概念和其內容，但這些文章能提供給各位的僅此而已。

如果想更深入探討哲學內容本身，且從各個層面去研究其論述，就得靠各位讀者在讀過本書之後，親自對哲學展開研究了。雖然我的文章中沒有辦法將康德的哲學全數說明完畢，但我相信能讓各位擁有親自一讀康德哲學的信心。期待藉此讓更多人，以更輕鬆的心情接近哲學的世界。

目錄

01

好吃就是零卡路里？

只要好吃，就是零卡路里？

小時候常常想像真的有神燈精靈來找我，答應實現我三個願望，但我應該要許什麼願呢？雖然隨著時間過去，我想許的願望類型逐漸產生變化，但從某一刻開始，我便有了一些絕對不會漏掉的願望，其中之一就是這個：「請讓我不管再怎麼吃都不會變胖。」

因為放不下減肥的念頭，有時候就會為了控制體重，忍著不吃自己想吃的東西。

問題是那種忍耐的痛苦程度實在太極致了。只要開始和食欲抗戰，腦海就會立刻被無意義的煩惱占據。為什麼人類的身體到現在都還沒有進化，變成能從攝取的卡路里中僅選擇性地吸收一部分呢？如果沒辦法自然進化，為什麼醫學界或製藥界不再多加把勁呢？如果能夠開發那種讓吃下去的卡路里全部消失的藥，就可以一口氣解決現代人最大的煩惱了。要是真的開發出來，想成為暴發戶自然只是時間早晚的問題而已。類似這樣的念頭接二連三地從腦海中冒出來。

仔細想想，一天之內有一餐隨便應付，其實也沒有什麼關係；但食欲這東西很奇怪，如果沒辦法把腦海中想吃的食物馬上放進肚子裡，就好像發生天大的問題一樣，把我們折騰得死去活來。在真正吃到那樣東西以前，都無法把它從腦海中抹去。

心情在「不能吃」和「可以吃」之間糾結不已的感覺，大概每一個人都能感同身受。要不然人類怎麼會為了解決這項煩惱，發明「好吃就是零卡路里」這種話呢？我們就這樣堅信著「好吃就是零卡路里」，於是在深夜十點，依然往嘴裡塞進炸雞。

先把我們究竟有多相信這句話的問題放在一邊，我們先來思考，在前述那種情況下，相信「好吃就是零卡路里」是一種極為自發的、有意識的選擇。我們為了讓自己安心，為了可以吃到美味的食物，而「決定」要相信這句話。然而，「相信」這個動作，真的是可以靠我們的意志決定要或不要嗎？

被證成的信念，各自表述

哲學的其中一個領域「知識論」，主要就是在探討「我們知道的究竟是什麼」。「知道什麼」換句話說就是「知識是什麼」，相關討論向來都是「知識論」中最核心的話題。長久以來的論述也得出了一些結果。

我們具有知識——我們知道些什麼——也就是我們具有「已被證成且為真的信念（justified true belief）」的意思，這個想法是最普遍被大眾接受的。我們擁有的無數信念中，只有真的，且被證成過的，才能被稱為「知識」。

這時，該信念究竟是否被證成，在於擁有該信念的人，是否掌握足夠理據才擁有了該信念。也就是說，這是一種具評價性的基準，因為這個評價與我們的認知有關，所以又特別把這稱之為「認知評價」。至於這種認知評價究竟是什麼性質的東西，大致可以分為以下兩種意見。

首先第一個觀點是義務論，這個觀點的立場是，我們評價某人的信念為證成時，就存在著能作為其判斷基準的規範。這個規範是所謂的認知規範，只要是可以思考的人，任何一個人都有遵守此規範的義務。比方說「只有在『S為真』這件事具充分證據的時候，才能相信S」。萬一擁有違反這種基準的信念，就是違背了原本賦予自己的認知義務與責任，因此會成為被非難的對象，這個意見的觀點是這樣。當然也會有相反的情況，如果忠實遵守被賦予的認知義務，進而形成了信念，那就值得被稱讚有好好地遵守義務了。

這種義務論的觀點，也是我們去思考「相信」這件事時，所能採取的最直觀的態度。對於明明沒有充分的理由，卻依然對特定的某事深信不疑的人，我們也經常予以批評。看見只因為親朋好友的勸誘，就動用巨額投資購買特定股票，且在一天之內傾家蕩產的人，我們便會批判他的行為——「不管怎麼想，根本還沒有足以信任的根據，怎麼可以因為朋友一句話，就這樣輕易相信呢？」萬一因為他的「輕信」讓全家人都陷入困境的話，批判的力道會更加強大。

第二個觀點是非義務論，從名稱就可以知道，這個觀點認為，從認知上決定一件事是否可被證成的基準，絕不屬於義務或者規範。雖然認知評價的基準的確存在，但那基準的性質是非義務的。就像前面提到的義務論觀點，它所提出的基準是以「只有～才能」的形式呈現，但非義務論觀點的基準則是「因為已有充分證據證明S為真，所以相信S」。消弭了「一定要如何如何」，或「不如何就不行」的強制性。

因為不是義務，就無法賦予責任，也不能予以非難或稱讚。有符合認知證成基準的信念，就可單純地稱其為正向的（或適切）的信念；而不符合基準的信念，則只能被稱為不正向（或不適切）的信念而已。

在這裡值得注意的是，要選擇接受義務論或是非義務論，不是一個能單純依照個人喜好決定的問題。並不是因為非義務論者們的個性，比義務論者更大而化之，所以主張認知證成的基準不是義務。義務論和非義務論之所以會分成兩派，正是從「認知義務對我們而言是可能的嗎？」這個問題開始。

我不是想相信才相信的

不管對書或電影，我都屬於那種非常討厭被劇透的人。而且我想，不只是我吧，應該有很多人都屬於這個類型。但我周圍卻仍有那種會敞開雙手歡迎爆雷仔的人。從很久以前開始，如果要討論自己已經追完的連續劇或網路漫畫，我都會擔心不小心洩漏劇情，盡量只講一部分的故事，或者介紹得很籠統。但我這位朋友——就算自己已經準備要看了——仍舊會很積極地想從別人那裡聽見故事的結局或情節。對我來說，如果先知道劇情，看的時候就會少了一半的樂趣；但朋友說，先了解接下來會看到的內容，再實際觀看，據說反而更能融入作品的世界。

由於每個人的取向大相逕庭，我也不能說什麼，但正因為我跟他的觀點完全相反，所以經常會發生一些傷感情的事情。完全不介意劇透的這位朋友，跟我聊新上映的電影時，常常會無意間地透漏最重要的劇情，然後我就會開始發脾氣，「幹嘛告訴我啊！」雖然朋友是不小心的，但已經聽到的話又不能還給他，看到我一時情急氣得直跺腳的樣子，朋友也受傷了，開始鬧起彆扭。所幸儘管兩人互相賭氣了一陣子，但半小時之後又恢復原樣了。

為什麼這時候我會生氣呢？就是因為只要一從朋友口中聽到劇情，就只能選擇去相信了。他只是無心說了句：「原來XXX才是兇手啊」，但對我來說，聽到這句話後，有可能忍住不去相信「XXX是兇手」嗎？應該沒辦法吧。雖然心裡很希望自己可以坦然不去相信那是真的，但「朋友說的內容一定會在電影中發生」這種信念已經產生了，這和我自己的意志完全無關。

偶爾也會發生以下這種情況。嗯，不是有那種日子嗎？就是特別想吃某樣料理的日子。那種日子幾乎百分之九十九的機率會發生在我減肥的時候。而且那項「特別的」料理很多時候多半是炸雞。每當遇到這種日子，在晚上回家的路上，我的腦袋就會開始瘋狂運轉。「要直接買炸雞回家嗎？還是要回家再叫外送呢？」不只如此，還會先思考在家的附近有哪幾間我喜愛的炸雞店，然後腦海中開始模擬能經過其中任何一間的所有可能路線。

傍晚五點半，是下班塞車潮正式開始的時間。與其外帶炸雞，再擠上人滿為患的公車，還不如用最快的速度回到家，再叫外送比較好。從車站出來，馬上跳上公車，再打開外送點餐的APP，開始瀏覽挑好的幾間店家選單，一一比較外送所需時間和我到家所花的通勤時間。

在這樣比任何時候都更拼命絞盡腦汁點餐的同時，心底的某個角落其實還殘留著一絲猶豫。這個完美的計畫，現在明明只剩下實行這一步了，但我現在正在減肥，這個事實讓我遲遲無法按下「送出訂單」的按鈕。再加上時間也不是中午，已經是晚上了。晚餐居然吃炸雞，不就是一個跟減肥互斥的組合嗎？結果，我緊抓住殘存的最後一絲理性，關掉外送APP。

在經歷如此熾熱的腦內交戰之後，我平安抵達家門，一打開玄關的門，鼻子就聞到一股不尋常的味道。「居然是炸雞！」果然血緣是不會騙人的，家裡的某個人——主要犯人大多時候是我媽的兒子——偏偏，就選在今天，叫了外送炸雞。到了這個時候，心裡也有點想直接向誘惑投降了。一開始，我一邊抱怨為什麼偏要挑今天叫炸雞呢，一邊投過去怨懟的眼神，並嘗試走回房間。但不可思議的是，越是這種時候，家人們就會越親切地叫我嘗嘗看。我一邊聽著他們說「沒關係啦，可以吃啊」，然後接下遞給我的炸雞，一邊假裝拗不過他們才敗給了誘惑地說：「那，就只吃一塊就好」。但是我早就知道了：絕對不會只吃一塊就結束的。

既然要吃，就必須吃得開心一點，所以就算時間已經很晚了，還是開心地吃完它。結果，問題發生在隔天早上——居然比昨天足足胖了兩公斤。我為了減那兩公斤，過去一整個月都在吃苦，現在體重計上的數字是認真的嗎？雖然極度想否認現實，但現在浮現在我眼前的這個冷漠的數字，自然是鐵錚錚的事實。既然事實擺在眼前，清清楚楚地，就沒有不相信的道理。不管我想不想要，我都不得不自動相信眼前所見。

相信是自我意志嗎？還是非自我意志呢？

前述的各個例子共同暗示的是，所謂的信念（相信），不是發揮個人意志就能形成的東西，而是只要有值得相信的理由或證據，就會自然而然地形成，不受意志所影響。像這樣「意志無法操控信念」，即信念是「無意識的（involuntary）」的意見，對義務論而言是很大的威脅。因為假如信念是無意識的，就表示對於信念的義務從一開始就是不可能的。

非義務論者們正是因為這種理由，才反對義務論。我們沒辦法自己控制相不相信某樣事物，又怎麼可能依照特定的規範，決定自己要不要擁有某種信念呢？既然沒有做某件事的能力，自然也不可能有必須做某件事的義務。

但仔細想想，在我們的日常生活中，似乎也常發生依自己的意志產生信念的情況，比方自我暗示等等。拿前面的例子來說，想像一下我沒有吃炸雞的情況吧。我雖然非常非常想吃炸雞，肚子又餓，但為了達到減肥的目標，嘴巴不停說著「我不餓……我不餓……我不餓」。結果，自我暗示好像真的發揮效用，感覺肚子似乎真的不像之前那麼餓了。多虧了這個，我很幸運地沒吃炸雞就上床睡覺了。Happy Ending。

這種自我暗示也被稱為自欺式信念，也就是說，信念之所以會形成，不是基於有足以判斷某事是真是假的證據，而是基於實用的理由，去相信或不相信特定的事物。我因為有「要減重」這個實用的理由，於是忽略肚子正在咕嚕咕嚕地喊叫，可以證明「我很餓」的這個證據，反而相信與它相反的感覺才是真的。不，至少我在表面上是相信了。這種自欺式信念如果真是有可能的話，那這就是一個信念可控論的證據。所以對認知義務論來說，會成為一個有力的範例。

當然，對此的反論也是有的。如果這個信念是欺瞞自己的信念，就表示有一個實際上相信「我很餓」，卻選擇欺瞞的我，還有一個受騙上當，相信「我不餓」的我。但是「我」是同樣的一個人，怎麼可能一個「我」同時騙人又受騙，同時保有兩種相反的信念呢！而且「騙人的我」，其意圖必定會讓「受騙的我」也知道，這種欺瞞行為本身就是不可能的。這點也讓人抱持著疑問。

那麼下定決心相信這章一開頭說的「好吃就是零卡路里」呢？

雖然無法確定：假如完全不擔心熱量，而盡情地享用美食，會不會真的可以少胖一些，但我暫且決定要這樣相信，於是吃了炸雞。各位大概會對這個部分稍微覺得有些困惑。沒錯，對於像這樣去「決定相信（decide to believe）」，也有想法覺得這跟我們一般認為是信念的東西，性質是不一樣的。「決定相信」並不是真正的相信，只是假定某項命題是真的，並把那當成是自己行動的前提罷了。也就是說，和「信念／相信」這種心理狀態比起來，比較接近「接受（Acceptance）」這種心理行為。

考慮到這些部分，我的意見更偏向信念的確是非意志的。但我也常常想起那些讓我對自己的選擇感到猶豫的例子。比方遇到一個「怕變胖所以吃得小心翼翼，但其實更容易變胖」的命題，也有可能為了決定是否要相信，開始蒐集各種研究資料，一一謹慎檢討，最後判斷這個命題值得去相信，於是決定就這樣相信它了。如果是這種情況，看起來就像是我們真的是自己決定了相信與否。

不只我們覺得這個問題很刁鑽，對於信念的意志性和非意志性這個問題，哲學家們也覺得是道難題，至今仍然提出各種不同的論述。我個人認為信念是非意志性的，只不過之所以很難提出信念最終並非自我意志的確實論證，想必是因為日常生活中實在有太多各式各樣的心理狀態被稱為「信念／相信」，因此很難一一具體區分、定義這些心理狀態的差別。

認知義務主義與非義務主義之間的爭議，在阿爾文·戈德曼（Alvin Goldman）提出過程可靠論（Process Reliabilism）之後，面臨了激烈的轉變。他將證成的信念（justified belief）的基準，設定為「是否透過可信度很高的——統計上來說為『真』的機率更高——方法產生信念」，藉此完全顛覆在這之前的論述方向。幸好是透過「統計」此一自然的事實，去說明信念的被證成性，與規範相關的問題本身就已經被去除了，因此究竟是不是自我意志這個問題也自動消失了。儘管如此，也只能說是論點改變了，並不表示既有的問題已被解決了；再加上戈德曼的理論有自己的問題，所以出現各式反論；然後戈德曼又再提出答辯，就這樣接二連三地持續爭辯中。

不相信的結局是自製炸雞

說到彷彿信念的問題這般如此困難的事，例如減肥，可是不容小覷的。不，說起來，減肥好像更難一點的樣子。我不相信「好吃就是零卡路里」之類的話，不管吃得多開心，攝取的卡路里還是那樣多，絕對不會輕易放過我們。就算不想相信這事實，就算拚命想相信跟它相反的命題，至今經歷過的所有時光都成為了證據，讓我不得不相信「不管吃得開不開心，都一樣會胖」這個命題。

我的信念總是這麼違反我的意志。是的，我相信「信念」無論如何都是非意志性的。托這個想法的福，我叫外送炸雞的次數——就算有吃別人叫的，至少經我本人手的——可說是屈指可數。雖然油炸過的炸雞嘗起來很幸福，但那裡面的卡路里可不是如此。不過我常吃自己做的「無牌炸雞」來代替。其實這道料理只是名字響亮罷了，只要把雞弄熟，再加上調味料就可完成了，作法非常簡單。但跟付出的努力比起來，這道菜的味道和滿足度都達到了最高水準，算是一道讓人

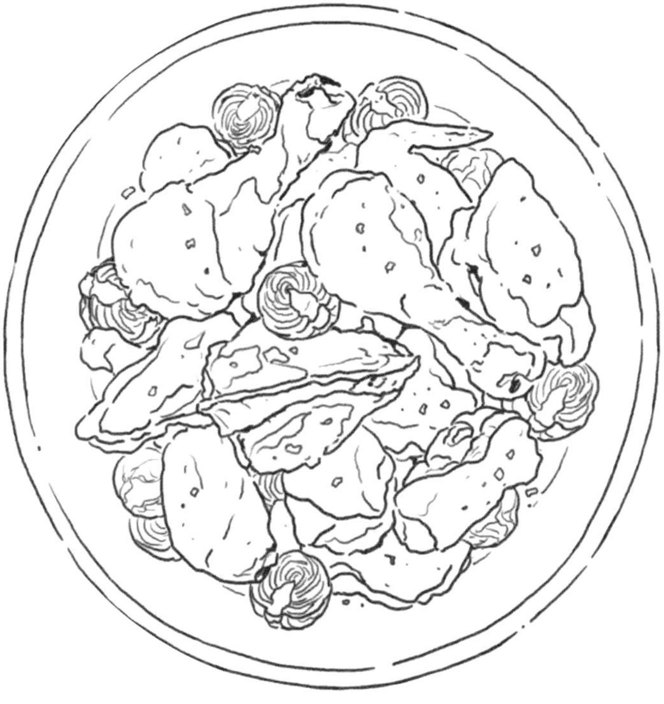

讓我得以實現零卡路里的「無牌炸雞」。

充滿感謝的料理。

在這裡當然不得不提一下我的「無牌炸雞」食譜。為了要盡量去掉雞肉的油脂，一開始先用烤的，或者先水煮過一次後再烤。醬料也是自己做的，不過既然要符合「無牌」這個名字，就用家裡的湯匙隨便量一下就好。只要有醬油、辣椒粉、砂糖、大蒜等，大部分的醬料幾乎都可做得出來。雖說是製作醬料，但也不必非得把鍋子拿出來，因為我們還有微波爐，不是嗎？當然，如果將雞肉和醬料在平底鍋裡翻炒一下，味道會稍微更厲害一點，但光是放在微波爐裡加熱三十秒，嘗起來的滋味就已經相當不錯了。

比起叫外送炸雞，自己做炸雞的最大好處，就是可以依照個人的喜好製作。我最常做來吃的是調味炸雞，有時只用鹽和胡椒調味，有時候也會沾著鹹甜鹹甜的醬油底醬料來享用。而且自己做的，可以減掉一部分的多餘熱量，從健康層面來看挺不錯的。如果你也跟我一樣，想下定決心相信「好吃就算零卡路里」的命題，卻遲遲無法成功的話，不要猶豫，快快投奔無牌炸雞的懷抱吧。

02

冬天就要讀火熱的康德

吃著鯛魚燒想起康德

最近社會上陸續出現「鯛生圈」（鯛魚燒生活圈）之類的單字，甚至還出現了分區標示鯛魚燒攤販位置的地圖。鯛魚燒雖然不是什麼新鮮的小吃，卻突然成為人人瘋搶的熱門食物。嗯，這種趕流行的風潮也不是這一兩天才有的。只要有節目和社群媒體率先讓某樣食物受到注目，人們就會像趕流行般、一窩蜂地跑去買來品嘗。對於這種「創造出來的流行」，我一直都採取著冷眼旁觀的態度。

但如果主角是鯛魚燒的話，我會欣然擺出歡迎的手勢。因為賣鯛魚燒的地方每多一間，就表示能夠更容易地買到這可愛的冬季小甜點。

用模型烤成同樣形狀的鯛魚燒、核桃燒和粟米燒。

說到喜歡冬天的理由，還是免不了要提到跟食物有關的部分。鯛魚燒、糖餅、雞蛋燒等，都是得等天氣變冷後才能遇到的街頭美食，冬天正是唯一能吃到它們的季節。在冰冷結凍的空氣裡，跟著飄逸在鼻尖的鯛魚燒香氣一直走，就能撞見一整排剛出爐的鯛魚燒。觀察鯛魚燒在模型裡成型的過程，不知為何會讓人有一種微妙的滿足感。往鯛魚燒模型裡倒入白色的麵糊，再放上紅豆餡，接著蓋上模型，再將之翻過來。直到手中接到所點的鯛魚燒之前，我就好像被催眠一樣，總會忍不住一直看著製作的光景。其實比起因著想吃而去買，我比較像是因為想看鯛魚燒被製作出來的過程，才去購買它的。

鯛魚燒的「鯛魚」，其實指的是它的外型而已；但核桃燒的名字可不只是因為它外型圓滾滾、具有凹凸的形狀。它可是一點都沒有背叛自己的名字，連內容物都有核桃。核桃燒的蛋糕體部分讓人聯想到熱蛋糕的味道，裡面包著細緻的紅豆餡，中間還塞入一顆核桃。以味道來說，我更喜歡核桃燒，而且它的口感比鯛魚燒更鬆軟，這樣的口感讓心情更溫暖、柔和。最重要的是，核桃燒跟鯛魚燒不一樣，一年四季都不難找到販賣它的地方，這也是它的優點之一。當然，不管怎麼說，它最美味的時候還是在寒冷的冬日，當你漫步街頭，一口一口剝著吃的時候。

離開寒風刺骨的地面，走進稍微溫暖一點的地下街時，還可能會遇見地鐵站的香味霸主——粟米燒[1]。我被這光聞就讓人感覺彷彿靈

---

1 譯註：韓文為DeliManjoo，是將英文「美味的（delicious）」和日文「饅頭（まんじゅう）」結合而成的名字。這是一種以雞蛋糕包奶油餡和栗子餡的小點心，外型做成玉米形狀。

魂被治癒的味道所誘惑，忍不住買了一包。打開一看，裡頭放著一個手指般大小的玉米形狀饅頭。可愛的模樣讓人在吃之前，心就已經先失守融化了。不管它用了多便宜的奶油餡都沒關係，B級的滋味早已被S級的可愛給覆蓋過去了。問題是那甜香的味道實在太重了——深怕會給周圍的人帶來困擾——如果沒有要出站的話，實在不太敢買。但為什麼粟米燒每次都只在我轉乘的那個站有賣呢！

鯛魚燒、核桃燒、粟米燒……這些點心除了在冬天吃感到最美味之外，還有另外一個共通點——它們都是用模型烤出來的。它們外型如此可愛的祕訣在於，都是將麵糊倒入特定外型的模型當中，由一個模子印出來的。鯛魚、核桃和玉米，這些代表了它們各自身分的外型，卻和內餡包了什麼沒有關係，只是使用了何種外型的模具翻作出來而已。把粟米燒的麵糊和奶油餡放進核桃燒的模型，烤出來就是核桃燒的形狀；就算裡面包紅豆餡再加三顆核桃，放進鯛魚燒的模型裡烤，出來的也絕對是鯛魚燒的形狀。食材一旦被放進特定的模型，就只能按照那個外型被烘烤出來。

從燒燙燙、甜滋滋的甜點，突然轉成有關康德的話題，請不要被嚇到哦。因為想了解康德的哲學，最好的題材就是這個模型了。康德向來被認為極為艱深困難，惡名遠播，其實我在開始研讀之前，也曾想盡辦法逃避康德，但後來才發現這都是被周圍的刻板印象給嚇壞的。況且他的代表作還是什麼《純粹理性批判》，從題目就完全搞不懂在講什麼，對吧！然而實際接觸到康德的哲學之後，雖然不能否認的確很困難，但我的感想是，一旦開始了解他所使用的概念，就不得不深陷於他的說服力以及論述能力了。

雖然起初多少會有些困難，然一旦越過這個山頭，必定會從中尋得樂趣。所以請各位就當成暫時被我騙了，試著讀讀看康德的哲學吧。不管是鯛魚燒、核桃燒還是粟米燒，哪一個都可以，只要想像一下將其中一個模型用在你喜歡的點心上，再繼續閱讀接下來的內容，一定會發現康德的《純粹理性批判》，變得不再讓人完全摸不著頭緒了。

康德，形上學的偶像

知識論中最重要的問題之一，就是「什麼是知道」，換句話說，就是「知識是如何被定義的」。要探討這個主題的時候，「**客觀性**」這個關鍵字非常重要。因為我們若能說出自己對這世界知道了什麼，那件事就必須是客觀的知識才行。必須要保證其客觀性，才能成為被證成的知識。不然就僅止於單純是自己相信自己想相信的事情而已。

洛克、休謨等經驗主義者們相信，透過感覺得來的經驗，讓我們得以客觀地領會（了解）。換句話說，經驗可以被視為是客觀性的保障。另一方面，笛卡兒或斯賓諾莎等合理主義者們，卻認為只有人類擁有之理性所能理解的事物，才是客觀的知識，而非感性的經驗。他們認為憑感覺得來的經驗不過是主觀意識而已。

兩方的意見都有道理，於是一場辯論就這樣展開了，但不管再怎麼爭，都沒有得出像樣的結論。某天，康德突然在這辯論中現身。伴隨著康德的初次登場，讓針對形上學的批評也跟著增加了。形上學現在不僅突然變成戰場，還失去了提供確實知識的真正學問的地位。康德認為，在經驗與理性中，只利用其中一方得出解答，並非讓人滿意的解決之道。

根據康德的理論，形上學之所以會成為無解的戰場，最根本的原因是因為人類擁有理性的本能。「理性」是針對自己面臨的事態，去思考為什麼情況會演變成那樣，反覆推敲，找出原因，是與生俱來的命運。當然，像這樣推敲下去，雖然最初的幾次能夠以自己的經驗為本來找出答案，但漸漸往更高層次尋求原因時，就會不知不覺

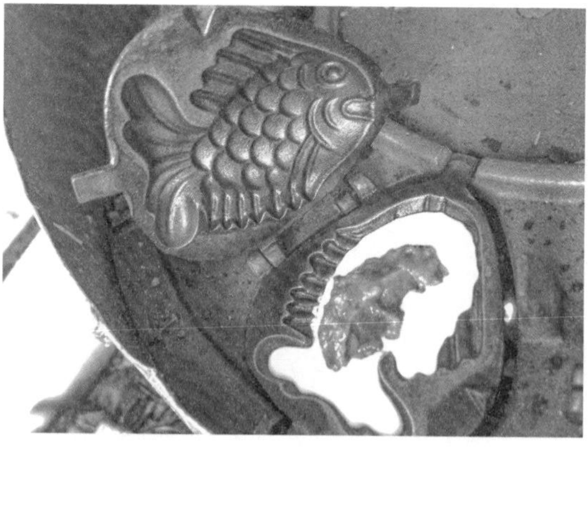

鯛魚燒模型中的麵糊，會按照模具的形狀成型。

地遇上超過自己經驗水準的問題，而不知如何作答，這是康德得出的分析。幸好形上學主要就是在探討這種類型的疑問，所以就算問題爭執不下，也無法透過自身的經驗去證明：怎樣的回答才是正確答案。結果，只有爭執的過程非常激昂，答案卻仍在五里霧中。

康德如果僅有帥氣登場，卻沒找出什麼像樣的解決方法的話，就不會像現在這樣被譽為是偉大的哲學家了。正如他大膽地涉入這場戰爭一樣，他以形上學的救援者自居，提出了解決之道。他表示，自己的解決辦法可以將已是一灘爛泥的形上學，再次奠定為能提供客觀知識的正經學問。康德作為解決之道提出的東西，正是他的著作《純粹理性批判》。

如果認知能力就是鯛魚燒模型

康德用來作為範本的，正是「數學」。從數學裡透過證明得到的結論，任誰來看都是明確的證成，也就是客觀性地得到保障的知識。然而仔細一想，透過數學證明導出的真理，卻讓我們連認知何謂三角形都辦不到。只是我們預先準備了幾個概念，並將那些概念應用在三角形這個事物上，之後才得到必然會導出的結論，然後，我們接受這結論確實為真。這個機制對康德來說，正是可以用來解決形上學問題的關鍵鑰匙。

所以理性並不是去接受自然最原始的樣子，反而是根據我所擁有的某種自我的原理，向自然提出疑問，再把從那得到的答案引導出來而已。因此理性所認知的自然，並不是那個未經過任何變形的自然本身，而是重新被放在**理性的框架**中而成型的自然。就像鯛魚燒的模型一樣，所謂「理性」這個人類的認知能力，早就已經被定於特定外型的框架，我們對於外界的認知，就是接收了在那樣的框架下被定型的世界。

是的，康德認為，人類在經驗外面的世界之前，就已經知道一些什麼。就算是剛出生的小孩，只要在他面前放上兩個一模一樣的玩偶——儘管他還沒辦法用語言說明那是什麼——他也能認知到自己眼前有兩個一樣的東西。「一樣」的這個概念，似乎的確不是我們得經歷過什麼特定經驗，才能知道的事情。反而，我們天生就具備了「一樣」的概念，感覺上是我們利用這個概念去經驗、認知外部的世界。

「時間」和「空間」的概念也一樣。我經歷的所有經驗依照時間順序迎向我；而我接觸到的所有外部世界，都是以空間具有的某樣東西讓我體驗到的。我感覺到肚子餓，所以有了想去買鯛魚燒來吃的念頭，吃完以後，才想到這是僅僅花費一千韓元的食物，後悔沒有多買一個。除了從外部接收到的經驗，就連從我的內在產生的想法、感受，也是同樣依照時間順序而發生。此外，鯛魚燒這個物體，無論如何都必定會以具一定體積、會占據特定空間的模樣，為我所認知。

若沒有時間或空間概念的輔助，我們究竟可不可以經驗到些什麼呢？大概是沒有辦法。所以康德說這些概念，就是我們在經驗某樣事物之前，就已經先知道的東西，也就是「先驗的」知識。

根據康德的理論，這些概念等於是先天就烙印在我的理性上的框架，所以我經歷的所有經驗都會依循這個框架。他主張並不是「我們的認知依循（外部）對象」，而是反過來「（外部）對象依循我們的認知」才對。

如果我出生之後，就只能依循賦予我認知結構的框架，來體驗外部的世界，那麼這句話的意思就等於，「我不可能體驗到最純粹原始的世界。」所以那個對象，即所謂的「物自體」（Ding an sich）的世界，對我們而言，就會永遠成為未知的領域。

這種莫名成為井底之蛙的感覺，可能會讓人有些鬱悶，但請不必太過意志消沉，因為它也有相應的優點。「人類無法擺脫與生俱來的認知結構」就表示，只要是人類，任何人都擁有此種認知結構。也就是說，這種認知結構是普遍的，就是至少在人類之間，對於人所經驗的事實，可以普遍地協議出對或錯。換句話說，某件事若從任何人來看都認為屬實——所謂「客觀的真」——也就變得有可能存在了。

康德正是以這點為依據，主張「我們能夠擁有客觀的知識」。只要不脫離人類認知能力的限度，我們所擁有對於這個世界的知識——至少在人類之間——應該是可以在客觀上得到確證的。既然如此，假如可以知道我們的認知能力所能達到的範圍，就可以確認我們確證的知識能到達什麼境界。

康德指出，到目前為止，形上學的失誤就是，持續在探索人類認知能力以外的領域，卻想得到客觀的知識。對一開始就不可能了解的事物指指點點，當然無法得出解答。而康德想做的，則是分析人類的先天認知結構——理性。了解理性這個能力涉及的範圍，並依照這個範圍，在我們認知能力所能涉及的內部世界，和我們認知能力以外的外部世界之間，定義出界線。

因此，康德的哲學研究對象，便不是在他之前的哲學家們經常注目的外部世界，而是設定成我們先天認知框架下的主觀世界，也就是理性。為了讓形上學成為能夠保障確實知識的學問，理應不再關注認知結構以外的世界，而是要探索對人類而言能保障客觀知識的、認知結構內部的世界。他的著作名稱之所以會是《純粹理性批判》，也正是因為這個原因。

我認為，這個核桃燒呢？

我幾乎每天都會經過的地鐵站附近，竟然有兩間賣核桃燒的店。其中一間是規模比較大的連鎖店，因為我很久以前就常吃這一家，所以很熟悉它的口味。另外一間是主打添加黑麥烘烤的店，我已經看著它好幾年了，但每次都只是經過而已，沒有實際買來品嘗。雖然我很愛吃美食，但更愛把美食依分類作比較，一個個挑戰看看。對於好吃的食物，我甚至有一點收藏癖的傾向，像這間還沒有挑戰過的店家，就會默默地被我放進心裡的清單，想著有一天一定要去嘗試一下。

那是去年冬天發生的事了。那天為了挑選周圍親友的聖誕禮物，我得在外頭轉上很長一段時間。我一邊想著今天一定要吃到以往只有眼饞，卻從未吃過的黑麥核桃燒，一邊迅速地往車站出口奔去。不得不在寒冷的天氣下忙碌奔走的日子，最適合拿來簡單補充糖分的小點心就是它了！

因為是第一次吃，所以先買了一包二十個試吃，但它們一瞬間就消失了。加了黑麥的核桃燒比想像中更合我的口味。內含的紅豆餡跟其他的沒有太大差別，不過加了黑麥粉的麵皮讓人印象深刻。只用麵粉的核桃燒吃起來鬆鬆軟軟的，顏色看起來白白的；而黑麥核桃燒的麵皮特徵正好跟這完全相反。比一般的核桃燒顏色要深許多，從外面就看得出來麵皮偏薄，且口感十分Q彈。因為它隱約飄著黑麥特有的穀物香氣，也讓人聯想到大麥麵包。

但不管我再怎麼長篇大論地形容它「麵皮很薄」、「口感十分Q

彈」、「帶有黑麥特有的香氣」等等，這都僅限於我所體驗過的核桃燒，對於在我認知框架之外的核桃燒，終究還是無法具有任何意義。讓我再強調一次，因為對康德而言，「物自體」的世界是我絕對沒有辦法得知的領域。

於是嚴格地來說，我對上述核桃燒的評價，就和我說「我認為麵皮很薄」、「我認為口感十分Q彈」、「我認為帶有黑麥特有的香氣」是一樣的。也就是，我對於外部對象所下的判斷，前面其實藏著「我認為（I think）」的這種基本形式（form），可以視為「形式維持」，只更換了「裡頭的內容」。

這種「我認為」的判斷形式會成為一個基準，用來區分「我所經驗過的我的主觀世界」，還有「沒有被我經驗過的外部世界」。多虧如此，無論我有沒有意識到，經由這個認知框架而迎向我的這些經驗，都能夠統一以「我的經驗」之名得以存在，而非其他任何人的。既然如此，讓「我的經驗」得以成立的這種框架，就可以說是讓我得以對外部世界作出判斷、我所經驗的終極原因。因為從一開始，若沒有「我認為」的這個形式，我就沒辦法有任何想法。因此這種形式必須是「先驗的」，已經先賦予我的，而我能藉此擁有「我的意識（自我意識）」。

然而這種自我意識，從一開始就是透過對「我所經驗過的外部對象下某種判斷」而成立，因此，無論何時都只能以經驗的主體來存在。它只是讓我的經驗得以成立，卻絕對無法成為我所經驗的對象。我們在經歷各種經驗後，只能隱約知道世上存在著成為該經驗終極原因的「自我意識」，但沒有辦法直接經驗該自我意識本身。所以（就像物自體的世界一樣）導出一個意味深長的結論——我的自我意識也並非我能確實知道的領域。

閱讀康德的冬日

親自展開研究之後，發現康德的哲學並沒有那麼難，且難以高攀，但也絕不容小覷。我運氣很好，因為可以在學校上相關的課程。假如沒有上老師的課，一定很難像現在這樣，覺得康德的哲學如此有趣。有許多陌生的用語和概念，我覺得若沒有專家的指導，要獨自了解這些文本的門檻實在很高。

但就算不像我這樣在學校上課，也有許多方法可以幫助我們學習哲學。可以從「說明康德著作的書」開始讀起，或者參加各種學會開設的講座，最近甚至還有哲學出版社提供：只要讀者申請，就會直接上門拜訪，提供講解的服務。如果這些還是讓你不滿意的話，就試著在Youtube上搜尋「哲學講座」吧。只要尋找一下，就會發現許多有幫助的資料。

討論到多樣化，用模型烤出來的點心種類也是多得嚇人。就算使用的模型完全一樣，只要將裡頭包的食材做點變化，就能創造出不同的曲調，其多變的魅力讓這樣的點心持續推陳出新。除了有包地瓜餡的鯛魚燒之外，甚至還出現了加入起司的鯛魚燒，就連核桃燒都有紅豆沙餡和白豆沙餡兩種選項，只要依照個人喜好選擇就可以了。選一樣熱呼呼的點心，找好位子坐定，再翻開康德的哲學書，你的這個冬天一定能過得非常溫暖舒適。不只是因為還沒變涼、仍熱呼呼的鯛魚燒，還有肯定非常有趣，讀著讀著會讓人腦袋瓜稍微發起熱來的康德。

03

一口吃下生命的這個瞬間

起司無論何時都是「進行式」

我們家的冰箱有一個被我稱為「起司格」的空間。那裡總是常備著奶油和幾種起司。若是奶油乳酪（cream cheese）的話，大部分都會準備一盒，因為這樣方便隨時搭配水果或麵包享用。在我非常沉迷於布利乳酪（Brie cheese）的時候，也曾在這裡放滿了不同公司生產的布利乳酪。當時幾乎可說是中了它的毒了，一天要吃兩盒左右，所以消耗見底的速度比想像中的更快。莫札瑞拉（Mozzarella）或布拉塔（Burrata）等軟質新鮮起司也是，一入駐起司格就會立馬被吃光光。這是因為軟質新鮮起司的保存期限不長，必須盡快食用完畢。我有時候也會在這裡放點高達（Gouda）或艾曼塔（Emmental）起司，但最後一次買的高達起司，卻走向了在起司格裡發霉的悲慘結局。是因為吃了一次之後就沒再動過，最後擺太久而導致悲劇。

我原本並不是很喜歡吃起司的。第一次接觸到的起司是扁扁平平，給小孩吃的那種方型切片起司。它很容易斷裂，吃起來的味道也挺莫名其妙的，讓人無法理解為什麼要吃這種東西，所以我以前常常把它放進無辜的玩偶嘴裡。但當我知道世界上不只有那樣的起司後，自己反倒成為沒有起司就吃不下飯的人了。有販售起司的賣場，我基本上習慣會逛上兩、三家。某間店買不到的，另外一間可能會賣，所以必須四處尋覓訂購。我也很容易迷上新進的商品，常常冒險買來嘗鮮，可謂別有一番小樂趣。只要有去百貨公司，我一定會繞到地下一樓逛逛。百貨公司食品館的起司區，商品的豐富程度不僅媲美網路，價格大部分也比網路來得便宜，最適合採購了。

就算沒有果醬或水果，光在雜糧麵包上塗抹布利乳酪，就已經超級美味了。

世界上美味的起司實在太多了。但如果要我選出一種最喜歡的，我會毫不猶豫地選擇布利乳酪。布利乳酪搭配麵包或水果都非常好吃，單獨只吃乳酪也很美味。要注意的是，從冰箱拿出來之後，不可以馬上吃，一定要在常溫下擺上約四十分鐘之後再享用。起司的味道依溫度不同，有著天壤之別。布利乳酪的話得放到常溫，才能享受到它如天堂般的美味；冰的時候吃起來則味如嚼蠟。

布利乳酪跟水果是很棒的組合，所以也很適合搭配香甜的果醬。我之所以會深陷於布利乳酪的滋味，八成大概都是因為它和果醬的絕妙配搭。先把全麥麵包烤到酥脆，然後在上面塗上厚厚一層軟化的布利乳酪，再抹上苦甜的橘子醬，一口咬下去……！嗯！讓人不知不覺地閉上眼睛，耳邊甚至開始傳來美妙的聖歌。酸酸甜甜的蘋果搭配布利乳酪可謂相當優秀。此外，黑麥麵包也非常適合佐蘋果和布利乳酪，但無論如何，就算沒有麵包，僅是吃布利乳酪配蘋果，也已經是一道華麗的點心了。

就算是同一種起司，它的味道也會依據製作方式不同而有所差異。所以不同公司生產的起司，味道也會有些微不一樣。拿布利乳酪來說，Ile de France的鹹度最淡，吃起來柔和又清爽；Père Toinou的布利乳酪跟Ile de France比起來略鹹一點，有著布利乳酪的特殊風味。而Bonjour de France的布利乳酪，我覺得味道不怎麼樣，所以沒有很喜歡。我自己最喜歡Ile de France的產品，但它的價格跟Père Toinou幾乎差了兩倍，所以偶爾也會稍作妥協，盡量選擇CP值比較高的Père Toinou。

除了製作工法之外，起司的滋味也會被熟成度所左右。熟成就是發酵的意思，換句話說就等於是黴菌在發揮作用。從開始製作起司的那天算起，時間越長，黴菌們的活動期間也越長，讓起司得以長時間熟成。所以快到保存期限的布利乳酪，看得出來比還剩一大截保存時間的要熟成許多。不僅味道變得更加濃郁，切開起司外皮（rind）後，出現的內層則軟綿得彷彿快要融化般似的。所以要吃哪一種階段的起司，還有購買起司以後，要等它熟成到什麼程度才吃，建議都可以依照個人喜好決定。

要下一個結論的話，起司對我來說，無論何時都維持在「進行式」的狀態。因為我們吃的起司，從被製作出來開始，就一直持續處在熟成的過程之中。說得誇張一點，我們可以說，是透過吃下起司才得以捕捉到這過程中的某一剖面。

批判的黑格爾

我們前面已經探討了康德在《純粹理性批判》中分析人類理性、大膽嘗試界定出客觀知識的範圍。但對於康德這樣的嘗試，卻有人聲稱其一開始就是不合理的。這個人就是黑格爾。

「這個為什麼會這樣？」「那個為什麼會那樣？」就像個不停提出「為什麼？」攻擊，讓周圍的大人飽受折磨的四歲小孩一樣，理性會持續針對自我面臨的情況來詢問原因。康德說，理性在碰到像這樣無法透過自我經驗得出解答的領域時，會同時支持相互矛盾的兩種答案。以往在形上學中，只要提出「神是否存在」的這個問題，便會同時得出「神存在」和「神不存在」兩種完全相反的答案，也正是這個原因。

在這種情況下，康德提出了該如何才能使理性在形上學中找到確實的知識，他對於理性的分析也包含了這些。「我」必須無條件地透過「理性」這個屬於我的認知框架，才得以體驗世界。而且也僅限於在可以這樣體驗的事物中，才能獲得確實的知識。然而，使我的經驗得以成立的「我的理性（自我意識）」，並不能作為我經驗的「對象」，所以理性並非我能確實了解的領域。於是，康德最後的結論是，我們不應該被再怎麼樣都搞不懂的事物所綁架，應該在我們能夠確實知道的範圍內探索才對。他還為此順勢提出了一個野心勃勃的計畫，打算一項一項地分析人類理性的能力。

黑格爾批判康德的點，正在於康德的說法前後矛盾。康德明明說過，以人類理性而言，最困難的事情之一，就是認知自己這件事。但他又說自己要挑戰分析理性？康德本人，不也是擁有理性的人類嗎？剛才分明說過理性不可能確實掌握理性自身，但現在卻是康德口口聲聲說要用自己擁有的理性去分析理性。

退一百步來說，假設可以像康德所言，用理性去分析理性，那麼這個「分析理性的理性」又要由誰來分析呢？拔刀出鞘準備去分析所謂「理性」這個對象者，竟又是理性本身。分析的對象同時成為該分析的主體，黑格爾再次點出了這矛盾的局面。

但在黑格爾看來，還有比這更嚴重的問題。康德最終想達成的事——也就是劃出我們的認知內部世界，與超越我們認知的外部世界之間的界線——對人類而言終究是不可能的。為了明白我們的人生和外部世界之間的界線，就必須走到人生的外面，也就是站在第三者的角度去眺望自己的人生才行。但黑格爾認為，這種觀點對人類而言是絕對不可能的。因為我們終究不可能跳脫到人生之外。黑格爾說：掌握我們人生的支點，永遠僅限於我們所經驗到的人生之中。

事情到這裡並沒有告一段落。黑格爾對康德還提出了更多的批判。各位應該還記得，康德把外部世界本身，劃分為我們永遠無法得知的未知領域。我們終究只能透過「理性」這個特定形狀的框架來接收外部對象，而不可能接收到外部對象最純粹的本質。因為對外部對象而言，我無法經驗（所以對我而言終究是未知）之對象本身的原始部分，始終存在著。

黑格爾為此批判康德——「無法呈現出世界的內外」。黑格爾認為，我們有辦法全然了解外部世界。那些抗拒被我知曉的對象，其原始部分之類的東西，並不會成為無法跨越的障礙。黑格爾主張，我的認知能力會透過經驗各種對象逐漸成長，直到成長的最後一個階段，才能確實到達知曉這個世界所有事物的階段。

是的。黑格爾所認可的「確實知識」，就是像這樣透過我們的認知能力成長過程達到的。黑格爾表示，他要仔細闡述那個過程，將其呈現出來。內容都在他的著作《精神現象學》當中。黑格爾提出了類似康德「自我意識」概念的「精神（Geist）」。兩者之間的差異在於，如果說，康德的自我意識始終由「我」的自我意識作結，那麼黑格爾的「精神」則超越了個人的「我」，是個能擴張到整體世界的概念。根據黑格爾所言，「我的精神在一開始誕生之後，會透過辯證法的運動逐漸地成長，直至達到終點，也就是絕對精神（Absoluter Geist）的狀態，便能變得知曉一切。」希望各位再關注一下這裡出現的「辯證法」一詞。因為它正是讓康德無法呈現的剩下那一半世界，呈現在我們眼前的關鍵鑰匙。

起司和精神的辯證法

某個對象出現在我的眼前。為了方便閱讀，就把我這時候的認知能力稱為Ａ，而在我面前的對象稱為A*吧。在到達完美知曉所有事物的絕對精神之前，我是不可能完全掌握外部對象的。沒辦法，只能先嘗試在我所知道的範圍內來了解對方。

結果我對於A*的認知，不管再怎麼努力都沒辦法成為完全的A*。因為對方身上仍然存在著剩下並未被我掌握的部分，所以我想要掌握的對象，與我對於那個對象的認知，便不會相互一致。但我的認知仍然沒有放棄，反而嘗試選擇另一條路，也就是走向第三種路線。我的認知，現在並不是原本的模樣——A，也不是我努力想掌握的A*，而是變化為一個全新的階段——B的模樣。

哈哈！不覺得很像遊戲裡面的升級嗎？我的認知能力又往上成長了一個階段。因為所謂的「成長」並不只是單純的比喻，簡直就像一個孩子的成長過程，關心的事物不停改變，我的認知能力也像從A到B升級了一樣，關心的事物也變得不一樣了。我對於過去的A*已經不再在乎了。既然升級了，現在就要打新的怪物才對啊。所以我現在將B*這個新的對象當成是我要認知的目標，而我的認知能力也不斷重覆跟著到目前為止一樣的過程，即不停經驗著新的對象。B超越B*而成為C，然後C又超越C*成為D，最後到達絕對精神的階段時，我就

新鮮莫札瑞拉起司搭配番茄和黑橄欖享用，這個組合是經典中的經典。

可能完全掌握住我眼前的對象（外部世界）。

看著這樣的過程，讓我想起起司邁向熟成的過程。起司的熟成期是用來區分起司種類的重要基準之一。

因為起司的外型、質感和味道，都會依熟成程度的不同，產生顯著的差異。所以根據熟成度不同，適合搭配享用的食物也會不一樣。簡直就像精神的關注對象，會依階段而有所差異一樣。

不經過熟成，製作完畢後就馬上享用的起司叫作新鮮起司（fresh cheese），比方新鮮莫札瑞拉起司和布拉塔起司，就屬於新鮮起司。享用新鮮莫札瑞拉起司時，可以把它暫時泡在溫水中，等溫度恢復到常溫以後，再淋上橄欖油享用，或者搭配番茄和茄子等製作成卡布里

在短管麵 (Rigatoni) 和巴沙米香醋醬做成的義大利麵上頭，撒上大眾版的帕馬森起司粉。

沙拉也很棒。布拉塔起司是將莫札瑞拉起司做成如袋子般形狀的起司，裡頭填滿奶油。我個人喜歡用它搭配水果一起吃。如上面所述，新鮮起司很適合拿來搭配新鮮水果或蔬菜。

之前說過，我很喜歡的布利乳酪，則是被分在軟質起司（soft cheese）。軟質起司是指熟成時間僅有數週，富有柔軟質感的起司。在這個階段，黴菌的活動會正式開始發揮作用，因而漸漸產生起司獨特的發酵風味。證據就是起司外皮會覆蓋上一層白色的黴。除了布利乳酪以外，另外一個最具代表性的軟質起司是我沒有很喜歡但知名度很高的卡門貝爾（Camembert）乳酪。雖然軟質起司跟新鮮蔬菜不是那麼地合拍，但是配上水果還是很不錯的。這個階段的起司，是跟麵包、蘇打餅乾等碳水化合物的「默契」開始越來越好的階段。

比這個再更熟成的起司，就會變成擁有Q彈口感的半硬質起司（semi-hard cheese），再繼續熟成的話就會成為堅硬的硬質起司（hard cheese）。例如高達、埃德姆（Edam）、艾曼塔起司均屬於半硬質起司。對於喜歡吃三明治的人來說，這些應該都是很熟悉的起司名稱。這個時期的起司鹹味會加倍，所以跟碳水化合物的相合度是最高的。這也是為什麼這類起司會被拿來搭配以三明治為首的麵包類，且是最常被使用的食材原因。披薩中不可或缺的拱佐諾拉（Gorgonzola）起司也是屬於這個階段。

我個人覺得高達起司的味道太鹹，並沒有很喜歡；埃德姆起司則有種獨特的、悶悶的味道，所以我也不會特地買來吃。在它們之中，我會選擇艾曼塔起司。如果說埃德姆起司有種悶悶的味道，艾曼塔起司則相反地有種香氣凝聚起來的感覺，帶著難以言喻的魅力。

此外，我最近很關注的半硬質起司，則是哈伐第（Harvati）起司。對於它的感想，我覺得風味簡直就像高達和新鮮莫札瑞拉起司加起來一樣。雖然好吃，但真的很油膩，卡路里也非常高。

硬質起司主要會被運用在料理上。各位應該有看過，在製作義大利麵時，接近收尾階段，會在上方磨幾下起司碎，這種起司就被稱為硬質起司。因為質感堅硬，所以需要使用磨板或起司刀等道具來切削。而外觀看起來最惹人憐愛，主要用於起司鍋的格律耶爾（Gruyere）起司，可算是頗具代表性的硬質起司之一；經常被我們稱為帕馬森起司的乳酪，也是屬於這個階段的帕米吉阿諾（Parmigiano Reggiano）乾酪的大眾版本。這兩者的差異之大，簡直就像百分之百天然起司的莫札瑞拉和加了一堆添加物的加工披薩起司一樣，截然不同。這類的硬質起司因為熟成期間很長，價格也比較高，且帶有更濃縮的強烈發酵風味。

想要游泳，就得先沉入水中

再次回到我的認知話題上。雖然我努力想掌握我面前的對象，卻無法順利如願。為了突破這種情況，我乾脆跳躍到一個新的階段。像這樣去超越我與對象相互對峙的情況，找出第三個方案的方式，就叫做「辯證法」。黑格爾之所以可以自信滿滿地批判康德只呈現了這個世界的一半，就是因為他腦海中存在著這種辯證法的緣故。

想要掌握對象的我，以及不輕易向我呈現自己所持事物的對象。

在這種情況下，我選擇了辯證法。既然再怎麼拚命也無法到達對方所在的位置，那麼乾脆把對方拉到我這邊來就可以了。透過讓自己變身成新的面貌，使剛剛仍對立的兩個陣營，直接解除對立的狀況。而對象原本不想讓我得知，藏得密不透風的外部對象之原始部分，也因此消失了。也就是說，對我而言，無法掌握的剩餘部分已經不復存在。

黑格爾就是從這點出發，主張我們對於世界可以擁有確實的知識，並且能掌握世界最原始的樣貌。黑格爾說，我們終究僅限於自己正在經驗的生命之中，才能像這樣得到對於世界的確實知識。想學會游泳，就得先跳進水中才行。在水以外，不管講了多少，再怎麼唸叨手腳該如何動作，都無法實際學會游泳。

依康德所言，從距離我人生相當遙遠的地方，用第三者的角度眺望我的人生，去辨別哪個部分是我的經驗，哪個部分不是，這個方式並沒有辦法昭示任何有關我們經驗的東西。對我們而言，這種方法從一開始就是不可能的。因為我們從未脫離人生之外，也不可能脫離人生之外。

至少在我重生為絕對精神，將這個世界全數還原成我的領域，得到絕對知識（absolutes Wissen）之前，我對我的人生所能掌握的位置，僅限在我的人生之中。我必須要在我生命所經驗的過程之中，才能掌握我所生活的世界。簡直就像品嘗起司一樣，總是只能經歷起司熟成過程中的某個瞬間而已。就像為了品味某種起司，掌握它的味道，無論如何都得捕捉那起司現在正歷經的生命的剖面一樣。

04

為了理性的巧克力

康德和黑格爾的三角關係

因為理性對所有人類而言都是普遍的，所以康德想要分析「客觀性能被保障的理性」；而黑格爾卻認為，真正的客觀性必須全數掌握對象的一切，於是開啟了探索「絕對知識」的旅程。

雖然這兩個人都在追求客觀的知識，方法卻截然不同。康德推定出我們無法得知的領域，並嘗試把焦點放在我們可以認知的範圍內；另一方面，黑格爾將所有事物還原為主體的領域，強調我們可以全然了解世界。

他們不僅觀點不同，行事風格也不一樣。實際上，在黑格爾的著作中，可以看見不少跟康德比起來更加極端的部分。如果說康德把

《純粹理性批判》寫得像數學書一樣，那麼黑格爾就像是在寫電影劇本般完成了《精神現象學》。

我個人很欣賞康德如此出格的結論。一般都是會堂而皇之地站出來，聲稱自己會解決形上學長久而來的問題，拚命想對過去沒有解決的問題提出答案，但康德卻反而表示不要再糾結無解的事，拋棄不可能的部分，把焦點放在可能的地方。這可不是普通的瀟灑啊！

另一方面，如同黑格爾的批判，康德的主張的確有矛盾的地方。既然我的理想並非我可以經驗的領域，就表示我對「我自己」始終是無法知曉的。然而再仔細地想一想，似乎也不是不能理解。人生中感到自己也不懂自己的時刻，又豈止一兩次呢。這個世界上本來就存在著許多矛盾的事情。

康德若不想得到如此矛盾的答案，一開始應該會說只探求我們得以經驗的領域就好；但若是黑格爾，大概就會不一樣。可能他會站在我這邊，說這個世界本來就充滿矛盾。而我只是剛好發現了那個矛盾而已。他會說，矛盾在跨越到知識不被允許的領域時，也不會是一種懲罰。

矛盾的喜好

雖然我不喜歡巧克力，但也不是完全不吃。儘管我會嚷嚷著白巧克力不是巧克力，對它不理不睬，但面對夾了白巧克力的餅乾，卻會毫無怨言地吃下去。雖然可能有人覺得我的喜好很矛盾，但我只是忠實地遵從「好不好吃」這個基準而已。

假如是薄薄的威化餅（我們常說的夾心餅乾），外面包了一層甜甜的巧克力，這東西基本上就不太可能不好吃。威化餅和巧克力的知名組合有Loacker萊佳、Redondo捲心酥、KitKat奇巧等餅乾，從它們總是占據銷售排行榜的前幾名來看，就可證明了上述的假設。再加上這類型的零食只要變換添加的巧克力種類，整個產品的風味就會截然不同。所以總能不間斷地推出各式各樣的口味，不僅增加選項，還能不定期推出特定時期的限定新品。

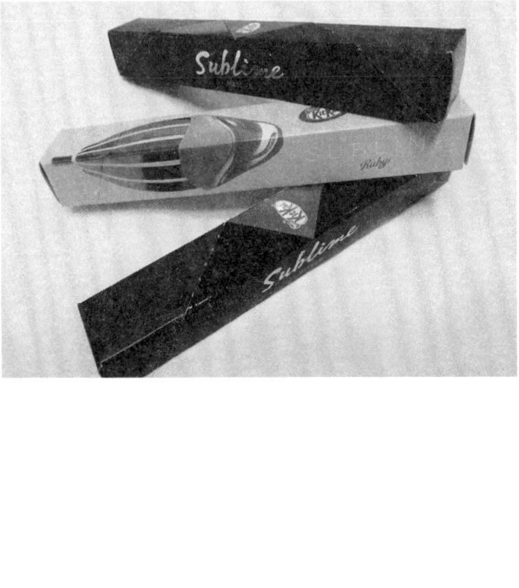

「KitKat chocolatory」販售的 Sublime 巧克力。©吳秀珉

沒錯，新商品總是層出不窮。這就是事件的起點。我不太喜歡Redondo，但若是Loacker或KitKat的話，不僅有平常偏好的口味，只要一出新口味必定會買來吃吃看。而且KitKat常推出讓人意想不到的口味，成為我最關注的牌子。因此當一聽到推出「限定版KitKat紅寶石巧克力」的時候，我立馬自然地豎起耳朵。儘管廣告文宣上充斥著各種華麗的修辭，但我仍迷上了閃著耀眼粉色光芒的巧克力包裝。瞧了一下價格，是個會讓人想著「要為沒有很愛吃的巧克力投資這麼多錢嗎」的金額。可是就算我不吃，這也適合作為送給周圍親朋好友的小禮物。於是我又說服自己，就當買著好玩吧。既然要買，只買一個似乎有點空虛，於是手裡又拿了同系列的苦甜黑巧克力口味「Bitter」和濃郁的「抹茶」口味，手裡一共抓了三款豪華版的KitKat。你問我對這次衝動購物滿意嗎？嗯……感想容後再述。

矛盾不是一種錯覺

康德說人類的理性天生就會去尋求自己所處狀況的原因，找到那個原因之後，會再次無止盡地去尋求導致該結果的上一層原因。所以人類從對自身的存在抱持疑問開始，一直到最後，都會對這個世界本身提出疑問，並抱持著疑問去探討世上是否存在著這個世界的成因。

像這樣不停尋求原因、提出疑問，是理性能力的命運，也是理性能力的本質。就算要它停，也停不下來。就像在爬一個無止盡的梯子一般，總覺得有點可憐，但這樣的命運也並不一定是悲劇。因為在找出上一層原因、往上爬的過程中，可以建立所謂的「普遍概念」。

比方我們已經吃過了前面介紹的三種威化餅。雖然風味各自不同，但可以感覺到它們相互間有某個很相近的部分。你想問：「為什麼呢？」接著得出的答案是，因為它們三個都是加了巧克力的威化餅。「原來如此，這種類型的零食可以被統稱為威化餅啊。」在向上尋求原因的過程中，我們確定了這三種零食具體所屬的一個更大的概念——即「威化餅」。這種普遍的概念並不會單純透過體驗具體事物得到，而是將得到的經驗整理過後，再經由判斷所導出。請注意一下，在做出判斷的過程中，必定會用上之前也介紹過的「我認為」的理性框架。考慮到這點，就可以知道我們是透過以理性整理經驗的過程，才能得到普遍概念的。

先在這裡暫停一下。不覺得理性在持續闡明狀況原因的途中，嘗試去確立包含具體個別對象的上層概念的過程，跟某樣東西很相似嗎？沒錯。就是跟為了掌握我面前的對象，而將自己提升到共同包含我和該對象的第三階段之辯證法很相似。康德對人類的理性能力所說明的內容，便像這樣含有辯證法的要素，剛好符合黑格爾的心意。所以其實對於康德所有跟理性能力有關的見解，黑格爾也大致同意。不過，其中有一項例外，就是關於理性面對矛盾的部分。

康德認為，理性能力尋求的原因層次越高，人類就會對無法找出答案，感到痛苦。或許關於「威化餅是誰做的呢？」或者「人類為什麼要吃零食呢？」都還可以理解，但若一直往上追溯到「一開始到底是誰把人類設計成不吃東西就無法活下去呢？」「人類為什麼要存在呢？」「人類是被刻意創造出來的存在嗎？」等問題，就會開始變得難以回答。因為這些並不是我有經驗就能了解的問題。所以當我所面對的世界，和我對於它的理解並不一致，這就是世界和我之間的對立，也就是矛盾。意思就是，理性能力在最終導出了矛盾的結果。

但在黑格爾看來，會得到這樣的矛盾，並不是因為理性脫離了能依靠經驗得知的領域。也就是說，這並不是恣意前往無法得知的領域才「意外得到的錯誤結果」。相對地，黑格爾卻說理性找出了正確的答案。矛盾在這世界中是確實存在的，而理性卻完整地掌握了這個矛盾。

這個說明讓人不禁大為感嘆，卻又多多少少讓人感到有些陌生。因為我們總是認為，若「徹底地」掌握了某樣事物，就會有一個明快而俐落的答案。就算那個對象是世界也是如此。所以無論在什麼時代裡，科學家們總是在追逐一個可以論述性地去說明世界的理論，但完整地掌握這個世界的結果，卻是矛盾的。黑格爾為什麼作出了這樣的說明呢？

我和世界是共享理性的關係

Loacker、Redondo和KitKat這些餅乾，都共同屬於「威化餅」這個上層概念。想要理解這種上層概念的方式之一，就是抽出個別事物的共通點來思考。像一種濾網一樣，把Loacker、Redondo和KitKat之間共有的共同分母挑揀出來，並用它來說明上層概念。

光看外型，會覺得這三種餅乾長得完全不像，但若以都是薄薄的餅乾搭配奶油做成夾心這點來看，它們的確都可以被稱為威化餅。因此像這樣推敲出來的「威化餅」概念，並不是實際存在的具體餅乾，只是存在於腦海中的想法，正是所謂的概念。

這種概念被柏拉圖等哲學家稱為idea（理型，或譯為理式）。柏拉圖認為，和不完全且充滿缺點的現實世界事物不同，理型是永恆完美的。例如有所謂「威化餅」的理型，那麼它就會是所有威化餅乾的指標，擁有最完美的威化餅的樣子。而存在於現實世界的所有威化餅，都只是這威化餅理型的粗糙模仿物罷了，這就是柏拉圖的說明。

理型是脫離現實世界的東西，所以想要掌握這種理型，唯有透過理性才有可能。因為我們在現實中體驗到的威化餅，終究是不完全的，所以不管買再多威化餅來吃，都不可能光憑那些經驗去了解「威化餅」的理型。這一點，也跟我們前面討論過無法透過經驗獲得普遍概念的部分非常一致。

然而，黑格爾卻讓人耳目一新地主張這種概念絕非完全不變。從黑格爾的角度看來，威化餅的理型，換句話說就是「威化餅」這個普遍概念，並不是完美無缺的威化餅形象，也不是永恆不變的。黑格爾這主張的根據，正在於普遍概念被導出的過程。「普遍概念」是理性去探索自己目前被賦予情況的原因時，所得到的結果，而這正是辯證法的過程。既然如此，所謂普遍概念本身，也就不得不具有辯證法的性質了。

黑格爾的意思是，如果有一個可以共同說明Loacker、Redondo和KitKat的上層概念，那並不是直接挑出三樣餅乾之共通點所形成的概念，而是包括長長的威化餅、捲起來做成棒狀的捲心餅、表面覆上一層巧克力的威化餅等各式各樣的威化餅，都能全數囊括的一個概念。因此所謂普遍概念的這東西，並不是一個完全脫離現實世界事物、永恆不變的存在，反而應該把它當成全然包含了現實世界的不完全和不斷變化的過程才對。

從黑格爾的角度看來，世上的所有真理都是如此。沒有永遠不變的完美概念，世界也總是依循這種辯證法式的原理運行。越高次元的概念，會包含所有之前概念所導出的辯證法過程；因此越上層的概念，就越會包含各式各樣不完全的層面，亦可能包含「矛盾」的意思。理性透過辯證法的過程持續發展，不僅在人類的腦海中，也存在於這個世界之中。於是由理性導出的矛盾，並不是憑藉跟世上真理無關，而是因個人的錯覺所得到的。矛盾實際存在於這個世界上，理性只是掌握了這一點而已。

黑格爾下的結論是，這必定是因為我們和世界都擁有同一個「理性」的本質的關係。我們若跟世界共有同樣的本質，那麼就可以透過自己的本質，去掌握世界的本質。換句話說，只要使用我們的理性就可以了。世界對我們而言，不再是不可能的存在，而是一個我們可以理解，甚至與其具有同樣本質的世界。那麼，我們透過經驗世界所得到的知識，便不再侷限於「人類的經驗」這個領域，而是對世界本身而言得到確證的知識。

為了理性的巧克力

寬度大概一根手指，長度比手指稍微長一點的KitKat巧克力，一條要價韓幣四捨五入大約五千元。幸好另外兩條只要各四千元。黑格爾說，因為世界也擁有理性，所以我們可以使用自己被賦予的理性去理解世界。如果要我分享這次衝動購買巧克力的感想，我會說，光憑便利商店或大賣場一盒一千五百元，也就是一個五百塊的普通KitKat，也可以充分了解豪華版KitKat是什麼味道。不管是平凡的抹茶KitKat，還是豪華系列的抹茶KitKat，它們的構造都是一樣的

——被巧克力所包裹起來的威化餅。雖然貴的似乎加了較多的抹茶粉，但它們終究還是具有同樣本質——威化餅——的KitKat。就算不特地花大錢買來試吃，也能充分想像得到它的味道。我最期待的紅寶石KitKat，吃起來的確非常清爽，很適合我的口味，但感覺只是覆盆子KitKat的進化版，跟既有的KitKat味道並沒有多大的區別。

我針對他們熱烈行銷的產品寫這種洩氣的文章，不知道會不會讓產品公司不太高興。但或許會有人讀完這篇文章後，反而更想去買限定版的KitKat也說不定，誰知道呢。這

不管是一般KitKat或豪華版KitKat，構造都一樣，都是被巧克力包裹起來的威化餅。©吳秀珉

個世界本來就是矛盾的啊！就算買的不是豪華版或限定版，也可能因為突然聽到KitKat的事情，一有機會路過就買來吃了。這都是可能發生的。

就連做出這種不上不下評價的我，心裡還是想著：「剛好趁著這次衝動購物，可以來思考一下世界的理性（nous），也不算吃虧嘛。」雖然腦海中的某個角落似乎傳來「不，這只是在自我合理化而已吧？」的聲音，但仍有「可能只是缺糖才如此，得把巧克力都吃光光才行。」的吶喊蓋過這一切。

05

減重要學伊比鳩魯

天生減重家伊比鳩魯

蘇格拉底在服下毒藥之前，對於被看自己不順眼的人們誣陷，他「孤傲地」進行了辯解。但若是要談到冤枉的話，似乎沒有人比得上我們今天的主角——伊比鳩魯（Epicurus）。不知道各位有沒有聽過「Epicure」這個詞？或者一個叫「Epicurious」的網站？「Epicure」的意思是愛好美食的人，「Epicurious」則是一個知名的國外食譜網站。

而「Epicurean」雖然有「伊比鳩魯學派」的意思，但這個詞亦同時是「美食家（gourmet）」的同義詞。看到這些單字，想必馬上就能聯想到，它們全都是從伊比鳩魯的名字來的。到底伊比鳩魯有多愛

「Epicurious」網站。

吃，才能讓所有關於食物和美食的單字，都出自這個人的名字呢？

伊比鳩魯其實是個跟美食並沒有太大關係的人。他的飲食方式，甚至讓人覺得更接近苦行僧的飲食生活，加上他禁欲的生活方式並不僅限於吃食的部分。伊比鳩魯因為提倡享樂主義而為人所知，所以常讓人懷有錯誤的印象，以為他的生活很放蕩，但事實上他的生活正好全然相反。當然，嚴格來說，伊比鳩魯的確是享樂主義者，而他的思想在哲學上來說也的確是享樂主義。但是他所追求的快樂，和我們想到快樂時經常聯想到的枝微末節的快樂，是完全不一樣的。

根據伊比鳩魯的說法，所有的快樂都是好的，也都是善的。他的論點是，儘管伴隨快樂的某些行為有可能是壞的，但快樂本身卻一定是好的。伊比鳩魯主張人類在生命中所追求的積極目的，便是快樂；而判斷人類好壞的基準，也是快樂。伊比鳩魯並沒有為了證明這點提出任何論證。他只說：凡是人類，快樂是任何人都能天生感受到的東西。這是他唯一的根據。

聽到這些說法，乍聽之下會以為伊比鳩魯的意思是快樂是生命的全部，似乎在推崇快樂至上主義。不過，只要仔細地側耳傾聽，就會發現他的理論內容反而更接近禁欲主義。這是因為伊比鳩魯對於快樂的定義有些獨特，再加上他將快樂的種類細分，分為值得追求的快樂和不值得追求的快樂。

根據伊比鳩魯所言，快樂是需求的滿足。而快樂的重要程度，必須根據它能夠滿足何種需求而定。在我們所有的需求中，最基本、最強烈的是什麼呢？各位聽到答案之後或許會忍不住點頭稱是，正是「排除苦痛的需求」。因為伊比鳩魯的享樂主義始於這個前提，所以他把「沒有苦痛」的狀態，設定為「已經感受到快樂」的狀態。於是在同樣的脈絡下，只要排除我們擁有的所有苦痛，就等於是滿足了最基本又最強烈的需求。

所以，最重要的快樂便需要滿足這種本質上的需求。也就是說，要透過消除苦痛來得到快樂。這種類型的快樂可以透過脫離飢餓、口渴、寒冷等痛苦的狀態來獲得，也被稱為靜態的（static）快樂，意為苦痛消除之後而來臨的快樂狀態。

另一方面，滿足本質以外的需求後所得到的快樂，比方某種食物的用途並非單純用來解除飢餓，而是用來滿足想吃到特別美味食物的欲求；以此得來的快樂，因為是在滿足欲求同時感受到，就被稱為動態的（moving）快樂。雖然不管是難吃的食物，還是好吃的食物，吃下肚子後都一樣會飽足，但只有美味的食物能在享用的同時帶給我們快樂。其實會產生這種動態快樂的需求，對我們而言並不是必須的。就算今天晚餐很想吃炸雞代替沙拉，也不會因為沒吃到炸雞而發生什麼嚴重的事情；就算沒有炸雞，也有很多食物能滿足我的飢餓感。

伊比鳩魯不僅認為快樂在重要程度上有區別，且表示快樂的大小也不一樣。他認為非必要的動態快樂，不比靜態快樂大，所以伊比鳩魯主張我們應當追求、重視的快樂，是能藉由解除痛苦的狀態所獲得的靜態快樂。若要進一步說明，解除痛苦的狀態，並非只有消除身體上的痛苦。靜態的快樂包含了精神上沒有心靈動搖的「內心的寧靜（Ataraxia）」和身體上沒有痛苦的「無痛（Aponia）」。

把這些內容稍作整理，就可以清楚了解伊比鳩魯為什麼不是美食家了。如果他是喜愛豪華佳餚的美食家，想必會更看重動態的快樂，但伊比鳩魯卻說我們應該追求的是靜態的快樂。伊比鳩魯認為，用簡樸菜餚消解飢餓的一餐，對我們而言，比飽足時的山珍海味來得更好，也能帶來更多的快樂。對全世界減重的人而言，這樣的思想真是應該被奉為圭臬啊！

減重要奉行「享樂主義」

我偶爾也會模仿生機素食主義者（Raw vegan），親自實踐伊比鳩魯的教誨。當然，終究只是偶爾而已。我本來就是吃了早餐之後，就開始想午餐該吃什麼；吃午餐時就會開始想晚餐的內容，然後在睡前就會開始想隔天早餐要吃什麼……這樣滿懷期待入睡的那種人。萬一不小心用難吃的食物填滿肚子，就會感到無比鬱悶。

還不只如此呢，雖然很想為了倫理上的信念努力吃素，但我每次面對散發光澤的肉類，還是會忍不住潰堤，最終無法成為吃素的人，這個地盤的肉食主義者就是我。但對於這樣的我而言，在極少數的情況下，也會把食物想成是「充飢」的東西。

這種時候，我會做這樣的料理來吃——以豆腐和小黃瓜為主的沙拉。在平底鍋中倒入大量的橄欖油，用類似炸的方式煎熟豆腐。再適量地撕一些葉菜類，小黃瓜也切入自己想吃的量進去。雖然我用的是紫色生菜，但也很推薦用綠色生菜或蘿蔓生菜等味道比較清淡的葉菜類。醬汁則大膽地省略，只用鹽來調味。雖然沒有加入滋味華麗的食材，但對於止飢這個單純而樸實的目的而言，這是再適合也不過的料理了。還好，味道同等美味！而且我總是會把這享用的一餐拍成照片留念。

再來是生櫛瓜義大利麵。在生機素食料理中，有一種是會把櫛瓜削成麵條般的長條狀，用來代替義大利麵的料理，我的料理便是由此發想的。我採用的是全麥義大利麵，口感比一般小麥做的義大利麵要硬很多，但香氣非常濃郁，只要使用一次全麥義大利麵，就很難再向小麥義大利麵靠攏了。不過煮的時間要比一般的義大利麵多大約一至二分鐘，這點也請參考一下。

用刨刀把生櫛瓜削成薄薄的片狀，葉菜類選用貝比生菜來搭配櫛瓜清淡的味道。醬汁的部分這次也樸素一些，只加了橄欖油和義大利香醋而已。多虧了生櫛瓜柔和香甜的滋味，和味道樸實的全麥義大利麵，以及在其中清爽地補足平衡的義大利香醋，讓人可以一口接一口，一點都不油膩。

如果可以每天像這樣延續伊比鳩魯享樂主義式的菜單，減重應該會相當順利，但人類的欲望是無止盡的，也會反覆犯下同樣的錯誤……為了集中精神，在這裡繼續解析伊比鳩魯另一個很像減重大師（guru，有精神領袖、指導者之意）的一面吧。

可以毫無壓力地當成宵夜享用的豆腐小黃瓜沙拉。

伊比鳩魯認為，以長期觀點來看，若一種快樂會引發痛苦，不管它是什麼樣的快樂，還是選擇放棄比較好；就算現在是痛苦的，以長期來看，倘若可以產出巨大快樂的話，那這樣的痛苦就有值得忍耐的價值。如何？伊比鳩魯所說的話，是不是聽起來就像拐個彎說，「與其現在吃東西享受一時的快樂，之後卻後悔；倒不如現在努力忍耐想吃的欲望，把減重目標圓滿達成豈不是更好嗎？」這話的意思就是，為了最終得到真正的快樂，現在就不該執著於如美味食物般，帶來轉瞬快樂的東西；儘管得忍受暫時的痛苦，之後卻能為我們帶來更大喜悅的節制，這才是我們所需要的。伊比鳩魯的享樂主義，之所以不能單純用「享樂」這個字詞來定義，理由就在這裡。

伊比鳩魯的思想如果實踐起來跟用腦袋理解一樣容易的話，這世上一開始就不會存在著不停反反覆覆的減重了。不管過去或現在，懂

生櫛瓜、蔬菜、義大利香醋和橄欖油的組合很棒。

得節制的人生困難度都差不多，跟隨伊比鳩魯教誨的人們打造出了一種生活共同體，且在其中實踐他的宗旨，進行共同生活。

有趣的是，一般對於哲學家的刻板印象，就是他們好像都會高度評價所有知識性領域的價值，但伊比鳩魯不同。他認為知識的需求——包括研究學問和哲學的需求——也和動態的快樂一樣，並不是必須的。同樣地，他也不認為追求真理是重要的。相對地，伊比鳩魯認為無需刻意追求知識，強調只要按照自己提出的教誨生活，就能達到沒有苦痛的狀態，並且變得幸福。從這個層面來看，他的哲學也可被視為是一種福音主義。

永遠受苦的伊比鳩魯

想必各位已經充分了解，伊比鳩魯絕對不是一個追求享樂的人。但究竟為什麼他會給人沉溺於美食，只追求枝微末節的快樂的放蕩印象呢？因為人們看到愉悅（pleasure）這個單字字面上的意思，便對伊比鳩魯產生偏見嗎？還是說雖然他對我們之前說過的，「源於肉體的本能欲望及其快樂」的領域，強調了必須節制；然而對於與精神相關的領域，則是追求享樂呢？

前面有提過，對伊比鳩魯而言最重要的快樂，是透過消除痛苦所得到的快樂。若要舉一個讓我們身體痛苦的因素，可以拿飢餓感作為例子。不管解決多少次肚子餓的感覺，飢餓感都會再次找上門來。另外，也可以思考一下會引發精神上痛苦的因素，當然，世上有各式各樣的因素能讓精神感到痛苦，但伊比鳩魯認為，讓我們精神上感到痛苦的最大原因之一，就是「對於死亡的恐懼」。

伊比鳩魯說明死亡並不值得恐懼。他說，死亡只是讓構成我們的原子再度四散罷了。好或不好的基準，差別在於那樣東西賦予我們的是快樂或痛苦而已。我們死了之後，便無法再感受到什麼，所以死亡本身並非善，也非惡，因此不需要將死亡視為不好的。若是感覺到恐懼，反而應該消除那樣的恐懼，使心恢復平靜，這就是伊比鳩魯的教誨。因為對死亡的恐懼是精神上最大的苦痛，所以只要脫離它，維持平穩的心境，就等於得到了最大的快樂。

既然出現了精神層面的話題，那我們可以談一下，伊比鳩魯認為和朋友間的友情，對於幸福人生而言是很重要的因素。根據伊比鳩魯死前寄給朋友的書信可以知道，他當時心臟不好、無法順暢小便，還得了痢疾而痛苦不堪。儘管如此，伊比鳩魯還是回想著過去跟朋友的愉快對話，而這足以用來抵銷現在的苦痛，他甚至還在信中寫著自己現在處於「幸福的」狀態。

像這樣沒有辦法立刻解決的痛苦，僅靠回想過去幸福的記憶來抵銷，伊比鳩魯可堪稱是愚昧地追尋著孤高的快樂。試問這樣的一個人，究竟為什麼會成為享樂人生的代名詞呢？

其實，這並不只是因為後世的人對「享樂主義」有著先入為主的偏見。這頂誤會的帽子，是某人有預謀地扣在伊比鳩魯頭上；這犯人正是他的弟子之一（竟然是他的弟子！）——提摩克拉底（Timocrates）。提摩克拉底和伊比鳩魯經常意見不合，提摩克拉底更因此懷恨在心，從伊比鳩魯還活著的時候就已經開始散播對他的不實謠言，陷害伊比鳩魯。伊比鳩魯認為朋友和友情是人生中最重要的要素；而提摩克拉底雖然師承伊比鳩魯，卻在背後陷害老師。這兩人會意見不合，也許是理所當然的也說不定。

06

哲學這個名字

「這是義大利式的煎餅」

這句話來自我小學的課本內容。每次要說明世界各國文化共通點及差異點的時候，一定會被拿來舉例的就是披薩，而且必定會附上「披薩也可以稱作是義大利式的煎餅」的老派說明文。我真的非常討厭「義大利式煎餅」這句話。——聽說另外一個名字是義大利式綠豆煎？這個名字聽起來更令人討厭了！——因為我不喜歡人們只是為了做出好像有這麼一回事，硬是把除了外觀都是圓形之外，根本沒有任何共通點的兩種食物綁在一起。不，就算光看外表，披薩怎麼會是可以跟煎餅相互調換的食物呢？就應披薩歸披薩，煎餅歸煎餅才對啊。

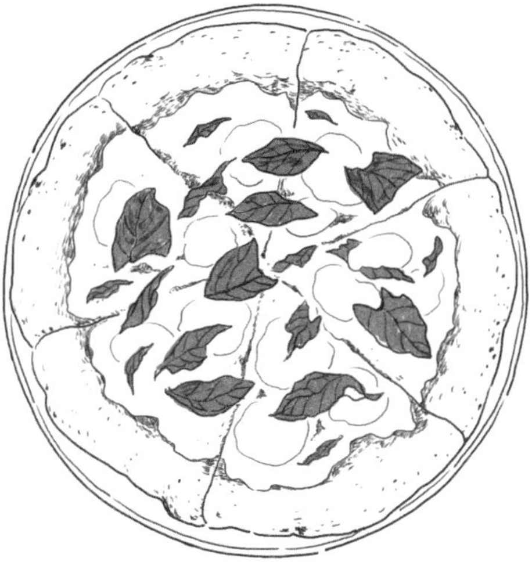

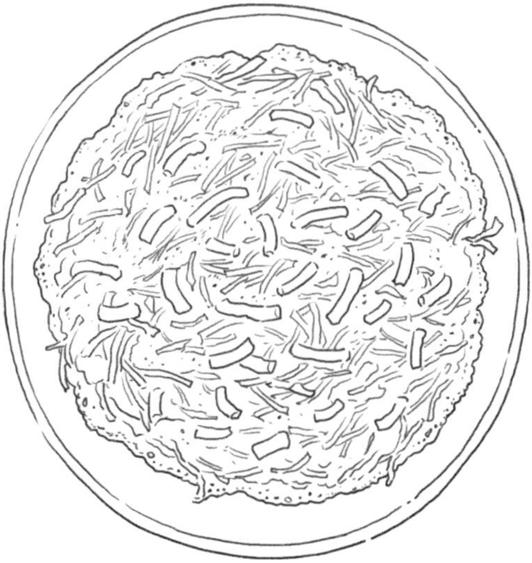

我現在要大聲說出來：披薩歸披薩，煎餅歸煎餅才對。

我並不是說哪邊比較好，只是在說這兩種食物是徹徹底底兩碼子事，根本不是可以放在同一條線上的東西。對於用披薩來代替煎餅，或者把煎餅叫成韓國式披薩，我在概念上就會產生抗拒的反應。不知道為什麼，課本裡每次出現與這相關的內容，就會出現義大利式煎餅之類的文章，但身為學生的我又不能不看課本，只能在心底暗自感到不耐煩。

但其實哲學中也正在發生類似將披薩當成「義大利式煎餅」的狀況！而且還是因為跟「哲學」這個名字本身有關才如此。我們經常把哲學分成西洋哲學和東方哲學。就像說到西洋哲學就是柏拉圖，談到東方哲學就一定會想到孔子似的。把西洋哲學稱為「哲學」沒什麼問題，跟把披薩稱為「披薩」是同一件事；但若把東方哲學囊括在哲學名中一起統稱，就不是那麼回事了。這等於是把披薩稱為「義大利式煎餅」，或者該說是指著煎餅跟人介紹：「這就是韓國的披薩」的層次一樣。對東方哲學而言，著實是件很委屈的事。雖然是這麼說，但現在還是只能退而求其次把它稱為東方「哲學」。想要了解為什麼會發生這種事，就必須追溯到很久、很久以前才行。

這是西方的格物窮理之學

說到東方的主要學問，自然就是指儒學。儒學進入宋明之後，開始集中在「性命」與「理氣」上，發展成了「性理學」。性理學一般又被稱為「朱子學」，因為在建立性理學的根基上留下重要一筆的人，正是朱子，也就是朱熹。統整來說，性理學便是從儒學分支出來的學問，又被稱為朱子學。

總之，在性理學堅守著東方代表性學問的地位之時，從西洋傳來了前所未見的新學問，正是透過在當時歷史中處處登場的西洋傳教士們作為途徑。十六世紀前後，西洋的「Philosophia（平常會讓我們聯想到柏拉圖、休姆〔David Hume〕、笛卡兒等人的學問）」初次透過傳教士們傳至朝鮮。

居然是跨海而來的學問！首先把名字按照原文譯為「費祿蘇非亞」，這個名字跟漢字的意思完全無關，只是借用發音相似的字來表示而已。缺點就是，光像這樣喊著「費祿蘇非亞」，根本無法馬上理解這究竟是什麼學問。以「數學」來說，從名字就可知道是使用「數字」的學問，一眼就能看出來；但由於「費祿蘇非亞」這個名字只是音譯，初次看到的人完全無法理解其意思。

最終解決方法便是從原本東洋已有的學問中，挑選跟費祿蘇非亞相似的學問，取其名意譯，那便是格物窮理之學。格物窮理是朱熹為了尋求外部世界的方法所建立的理論。朱子曰，為了了解外部世界，就必須接近事物，掌握其具有的理（原理）。然而這所謂的「理」，乃源於掌管世界的「天理」，所以包含了所有的世間萬物，以及我自己本身。

因此若想領悟所謂的「理」，並不需要去探索該事物本身，反而應該去探索同樣蘊含著理的自我的本心，這便彰顯出朱子學的「心學」性格。意思就是，比起外界，更應該專注於心。而體會這心中之「理（我的本性）」的方法，便是研讀經典，因此朱子學的特徵之一，便是專注於探索經典的「經學」思維。

這樣的格物窮理之學，自然跟西洋的「費祿蘇非亞」並不完全相同。雖然說最終目標都是一致的——要了解這個世界，但接近的方式等等則有顯著的差異。如果想把它們視為類似的東西，也沒有什麼不可以。西洋的費祿蘇非亞也具有探索人類本性的倫理學部分，不也有像柏克萊（George Berkeley）一樣，主張我們以為自己感覺到的外部事物，終究藏在內心深處的哲學家嗎？無論如何，西洋的費祿蘇非亞和性理學的格物窮理學，因為在學問上的目標是相同的，除此之外也有許多相近的部分，所以一直到十八世紀之前，費祿蘇非亞都被譯為「格物窮理學」，將它視為通用的詞。

這些譯詞在進入十九世紀後開始出現變化。就像西方從原本統稱所有知識的「Philosophia」中，區分出注重客觀知識的「science」一樣；東方也逐漸開始從以儒學為基礎的既有學問體系，區分出追求客觀知識的領域。因為格物窮理學不只有客觀知識，也一併包含著人類的本質以及道德層面，是一門整合的學問。

在這種情況下，日本學者西周創造了「哲學」以及「科學」這兩個新詞彙，並提議將「Philosophia」譯為「哲學」，將「science」譯為「科學」。其中哲學一詞，一開始原本是意為「希望明智地辨明」的「希哲學」，後來「希」字被省略，「哲學」成為固定的名稱。這樣的新創詞正好符合當時的時代要求，日本也積極接受西方文化，開始掌握東方學問研究的主導權，於是被迅速地廣泛流傳開來。

現在哲學、科學這兩個新詞彙，存在感已經大到想不起來當初是由誰所發明的了。而西方的Philosophy譯詞的「哲學」，現在也被拿來作為東方學問的稱呼——東方哲學。一開始以「格物窮理學」的名義將西洋的Philosophia和東方的性理學綁在一起。後來，單獨以「哲學」兩個字用來翻譯Philosophia。現在「哲學」一詞，不僅可以稱呼西方的Philosophia，也能用來指稱東方的格物窮理學了。

就像披薩不可能變成煎餅一樣

然而就像前面說過的一樣，西洋的Philosophia和東方儒家的傳統性理學，雖然均採同一個詞彙來稱呼，卻有許多不同的地方。最大的不同在於，西洋的Philosophia在傳統上持續探究著神的存在，然而東方的儒學卻對神不大關心！因為儒學關注的並非來世或神，而是如何在現世過得好這件事情。

像這樣以同樣的「哲學」之名，來稱呼西洋的Philosophia和東方的性理學，乃至於深刻地在儒家傳統上扎根的各式學問，其實並不是件公平的事。因為這兩門學問各自不同的部分實在太多，並不是可以相互對等調換的。再加上，哲學的基準通常被設定為西洋哲學的情況下，若認真讀了西洋哲學之後，再意外接觸到東方哲學的課程，的確會產生某種奇怪的感覺。因為如果把西洋的Philosophy視為哲學的基準，就會感到那些被稱為東方哲學的學問，似乎並沒有達到哲學的標準。所以從「這可以被稱為哲學嗎？」的疑問，到「難道東方哲學比西洋哲學次等嗎？」的誤會，都是非常容易發生的。但這樣的誤會，源自於我們一開始就忽略了這兩者本來就不是同一門學問。只是因為它們之間或有些相似的部分，所以才用同一個名字來通稱，但它們兩者並不是能被放在同一條線上互相比較的關係。

把披薩叫成義大利式煎餅，用韓國煎餅的基準去評價它是沒有意義的事情。討論為什麼這個煎餅的外型很奇怪，或者為什麼食材跟煎餅的材料不一樣，再得出一個「披薩是次等煎餅」的結論，都是非常可笑的。煎餅可以涵蓋的領域，和披薩所涵蓋的領域，從一開始就是不一樣的。兩個領域雖然可能會有重疊的部分，但僅限於其中的一小部分，無法一比一地完全互換。

披薩有披薩自己的味道，煎餅也有煎餅獨特的魅力。非常非常想吃蒸餃的時候，假如吃燒賣代替，或許多多少少可以削減一些對餃類食物的渴望。但若是幫想吃煎餅想得快要死掉的人點披薩，絕對不可能緩解他對煎餅的渴望。反而可能會被責怪怎麼點這麼油膩的東西。

所以在研讀東方哲學之前有必要先了解，我們現在稱之為東方哲學的東西，其實跟我們指稱哲學——更正確地說是西洋哲學——時所涵蓋的意義，是稍微有些不同的。如果不先做好這種心理準備，可能會期待落空，或者得出錯誤的評價，如此對本就很冤枉的東方哲學來說，更是一件雪上加霜的傷心事。就像你在披薩店買不到煎餅一樣，你想從東方哲學中找到的答案，還有接納東方哲學的態度，都應該和對比西洋哲學時的方式有所差異，如此才能更品茗到每一門學問各自的魅力及箇中滋味。

07

這男人的另一面深不可測，孔子

被誤會的不只炸醬麵而已

以前我曾在電視上看過播出李連福主廚拜訪中國，在當地製作韓式炸醬麵並販售的節目。炸醬麵雖然是中華料理的代表菜色，但其實中國本土並沒有像這樣的食物，這件事現在好像已經變成一種常識了。中國的炸醬麵（zha jiang mian）傳到韓國之後，外表和味道都變得截然不同，搖身一變成了韓式炸醬麵。

看見第一次嘗試「韓式」炸醬麵的中國人吃得津津有味的樣子，我想，果然所有人都能同感炸醬麵的美味啊，這瞬間我又想起了一個人。這個人物不僅出身於中國，也像炸醬麵是中華料理店的鎮店人氣菜色一樣，在中國思想史中占有絕對的地位——他，就是孔子。

我初次學習東方哲學的那天，課堂上第一次討論的人物正是孔子。我想那時坐在教室裡的我，應該是非常叛逆的模樣，因為當時的我對孔子非常反感。在這之前我並沒有學過孔子的思想，那堂課是東方哲學的入門課，而我是連東方哲學的「東」都沒聽過的超級初心者。但我光聽到孔子的大名，就會立刻聯想到嘴上掛著「孔子曰、孟子曰」的封閉儒家社會秩序，於是在生理上產生了抗拒。因為再怎麼樣對東方哲學一竅不通，至少也會在某個地方聽過孔子就是「古代秩序」的創始人，而且常會覺得這樣的秩序極為陳腐。

無論如何，現在不得不學習老古板中的極致老古板大魔王了，我懷著這樣的心情坐在教室裡頭。原本是抱持著叛逆的心情開始的，但課程開始之後，我大吃一驚。因為我在課堂中學到的「真正的孔子」，完全沒有我原本所知道的孔子的影子。起先以為他會古板地強調位階尊卑，但揉揉眼睛，根本不是這麼一回事。他說的每句話、每個動作都非常帥氣，是個讓人打從心底佩服的改革家。不知道是不是只有我會這樣，當發現一個人出乎意料之外的有魅力之後，就會對他更加著迷。真不愧是被當成偉人、受人景仰了好幾千年的人啊，讓我不禁深感認同。更不用說在課程結束之後，我就變成孔子的「鐵粉」了。

打破古板的頑固老頭印象

我以為的孔子，和真正的孔子，若要問這兩者到底哪裡不同，就是「孔子並不是一個古板的頑固老頭。」孔子反而是個不惜付出一切努力，只為打破古板社會的人；讓我不禁對於過去居然在他身上用了「古板老頭」這個形容詞，感到一絲罪惡。首先我們來討論一下，孔子被指責種下儒家社會的弊端——嚴格的位階尊卑這件事。

孔子的確非常重視秩序，因為他出現在歷史上的那個時代是充滿戰爭、以下犯上和群魔亂舞的春秋戰國時代。既有的體制已然崩壞，且足以替代的新秩序又尚未被建立起來，正陷入日漸混亂的狀態。在這種情況下，為了抑止當時的混亂，各式各樣的意見陸續出現，並誕生了各式學派。儒家正是其中之一。

「儒家」指的是孔子和受他教導的門生。而儒家的學問便稱作「儒學」。討論儒學時，最不可或缺的便是《論語》。這是一本集結孔子教誨的書籍，但並非由孔子親自著述，而是在孔子死後，由他的弟子將孔子生前的教誨編纂成書。

正如我們現在知道的，一提到儒家社會強調長幼有序、君臣關係等依社會地位排列上下關係的秩序，就會讓人懷疑孔子所說的，晚輩在名義上必須服從長輩的這件事，是不是有確實收錄在《論語》之中。先從結論開始說起，孔子的確主張君主要有君主的樣子、臣子要有臣子樣子，即「君君臣臣父父子子」；並表示需要匡正社會的秩序。但是這句話並不是說「無論發生什麼事，臣子都必須對君王盡忠服侍」的意思。根據孔子的分析，當時春秋戰國時代的混亂，是因人們恣意行使自己的權力地位所引發。所以孔子認為如果要端正秩序，就必須先樹立一個能防止像這樣恣意行使權力，且能讓所有人達成協議的概念。

孔子的這種思想，被稱為「正名」。跟字面上一樣，就是要「辨正名義」。意思是說，對於君主究竟該如何處身才像個君主，而臣子又該做什麼才像個臣子，首先必須先在社會上樹立一個共識，再來只要遵照已訂定的概念採取行動，就可以收拾這場混亂。

因此，若在社會中沒有共識的秩序，是不具有效力的。把「我做過所以知道」掛在嘴上，將自己的權力擺第一，並且認為可以隨意使喚下面的人，這種思維和態度與孔子的思想正好相反。既然是掌權者，就應該按照一個掌權者的正確姿態行動，要是沒辦法做到的話，下面的人也就沒有義務跟隨這樣的上位者。臣子盡臣子的本分侍奉君主，子女盡子女的本分侍奉父母這件事，無論如何都是在君主有盡好君主的本分，父母有盡好父母的本分之前提才可成立。

想必各位已經開始感受到了，孔子主張的秩序，跟一味盲目地遵從外界賦予的秩序有很大的差距。孔子在他的思想中不斷強調著「主體性」這件事。孔子建立了由共同體一起協議的秩序，並且希望每一個人都能自主地遵循這協議下的秩序。遵守秩序這句話，至少從孔子的觀點來看並不是被動的。

透過協議的概念，在共同體內所建立的秩序或者社會規範，在儒學中被稱為「禮」。因著面臨狀況的不同，建立最適合的秩序，是會隨時間改變的，所以「禮」會依據社會條件和歷史情況產生變化。因此，若只因為過去一直都是如此行，就認為現在也該無條件地遵從社會，同樣也是於禮不合。相對地，要是孔子見到這種社會，想必一定會出面勸阻此食古不化的狀況。

而且孔子並不是個在原地叨念著該這樣做、該那樣做，只會嘴上光說不練的人。他更像是一個會為了實踐自己描繪的社會，直接腳踏實地踏出第一步的革命家。為了實現自己心目中的社會秩序，孔子認為直接去說服那些已經投身於政治中的人是最有效率的方法。所以孔子的計畫是造訪許多地方的政治家，傳達自己的思想，並讓他們實踐自己的政治理念。要是有直接讓他參與政治的機會，孔子也不會謝絕。可惜的是他還沒有機會好好實踐自己的意志，便頓失官職，結局並不算成功。

無論誰都能自主的道德

孔子之所以認為人們可以自主地建立秩序，並且予以遵守，是因為他相信只要是人，無論是誰都天生具有道德的本性。孔子把這種本性稱之為「德」。因為德是不分男女老少、貧富貴賤，每個人與生俱有的東西，所以只要是人類，每個人都有可能追隨自己的本性作出道德的舉動，這就是孔子的想法。

但孔子認為，要真的實現這種可能性，就需要後天的努力去磨亮與生俱來的德行，所以他非常重視教育。孔子作為老師教導許多弟子，目的並不是要擴張自己學派的勢力，而是想幫助更多人實踐自己天生的德行。德是人類與生俱來的本性，若德性可以倚賴後天的努力使其更加發揚，那麼一個人究竟可以在道德上變得多麼偉大，就與原來的身分無關。孔子以此為據，反對世襲，並主張應該用不受身分限制的公平方式任用人才。

然而靜下來思考所謂的道德，會發現就算自己再怎麼樣琢磨，如果這世上只有自己一人，也沒什麼用。若只有一個人，只要按照自己心中所想去行動就行。因此所謂的道德，可以說不限於個人，而是要在人與人之間的關係中實現的。孔子的學問探究原本把焦點放在自主的道德上，進而自然延伸為研究實踐道德的人類之間的關係。儒學的核心主題並非設定為來世，也不是神，而是「在現實中要如何一起活得更好」。

我在這又大吃了一驚，或許是因為每年過節、祭祖等，當家裡人吵得紛紛擾擾時，我都會認為造成這一切的元兇就是儒家，感覺儒學對於現世的人生似乎不太關注，認為儒家更重視的反而是先祖靈魂或死後的世界。

在這樣的訝異還未消散之前，孔子又再對祭祀多說了一句，彷彿敲下了確認的釘子一般。孔子說，祭祀祖先的時候就要認為，宛如祖先就在你面前般，不要敷衍，不要糊弄。（子曰：「吾不與祭，如不祭。」）所以祭祖應該成為活在現世的人們之間的社會性事務，才得以發揮正面的功能。因此若在現世的生活過得貧困——據孔子所言——卻為了「鬼神」進行盛大的祭祀，是完全不正確的一件事情，恐怕只不過流於一種繁文縟節而已。

我再一次對孔子感到抱歉。原本以為孔子是那種希望人們每年舉行盛大祭祀典禮祭拜自己的人，詳細了解之後，才知道他最討厭無謂且華而不實的祭祀了。我之前對他抱持的各種先入為主的偏見，沒有一個是對的。

先從自己的情緒開始聽起

我過去對孔子感到反感的另一個原因，是來自較為個人的情感，我認為：孔子無論何時都只會優先重視社會規範的關係。但，這是怎麼一回事呢？孔子居然說如果想要好好（自主地）實踐道德，就應該先審視自己的情感。我個人認為這是孔子的思想中最讓人驚訝的，同時也是我最欣賞的。

對我來說，炸醬麵是一種如果不叫外送，吃起來就很沒意思的食物。應該說，直接到餐廳吃的炸醬麵，跟外送的炸醬麵感覺是兩種完全不同類型的。而且叫炸醬麵外送的時候，一定要點配著吃的糖醋肉。店家沒有免費送煎餃的話也無所謂，但有的話開心會立馬擴增兩倍。因為我吃糖醋肉的習慣是「澆吃[2]」，所以第一個動作就是先把醬汁倒在糖醋肉上，然後再攪拌攪拌炸醬麵。先大吃幾口，中間再時不時夾幾塊糖醋肉配著吃。等到糖醋肉快吃完的時候，再用煎餃沾一點糖醋醬享用，這是我幾乎像照著公式般嚴格遵守的炸醬麵吃法。

試想一下，和喜愛「沾吃」的朋友一起叫炸醬麵外送，在這種情況下，按照一般的慣例，我就不能照自己的意思把醬淋在糖醋肉上。因為醬汁一旦淋下去後，就無法挽回了；為了尊重沾吃派，應該先把醬汁和糖醋肉分開放。如果我自己想澆吃的話，就把自己要吃的份量

2 譯註：韓國人吃糖醋肉時有兩種吃法，一種是將糖醋醬直接澆在炸好的酥脆肉塊上，另一種是不淋醬，用肉塊沾著吃。兩種吃法各有擁護者，雙方經常爭執不下，也成為一個有趣的飲食文化現象。

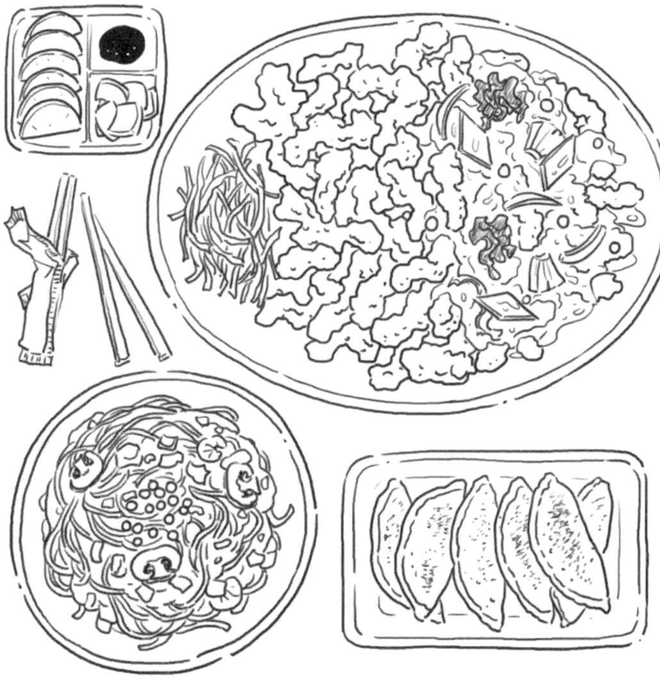

無論何時都是正確答案的炸醬麵、糖醋肉、煎餃組合。

另外裝出來，再看看要不要淋醬汁。

如果我在這裡抱持著「既然是沾吃和澆吃的人一起點餐，當然應該這樣做」的念頭，而做出了以上的行動，那麼以道德的主體而言，我就不合格了。因為這只是被動地去遵守自己面臨的規範而已。但另一方面，如果我只是懷著尊重沾吃的朋友的心情，逕自做出前述的舉動，孔子依然會說我不合格。尊重他人固然在道德的行動中非常重要，不過只考慮到他人的情緒，卻忘記「自我的情緒」也是不行的。

孔子說，首先應該去傾聽自己面臨狀況時，究竟會感受到什麼樣的心情與情緒。由於我從骨子裡就是個澆吃派，一直都認為糖醋肉這種食物，自古至今若是沒淋上醬汁的話就不會那麼好吃。像這樣先直接面對自己情感的過程，稱之為「直」。孔子說明，人的自我終究可以透過這個「直」的過程，自覺到我的原始需求，以及蘊含於我內在的德行。

只要像這樣自覺自己是具有德的人，就會了解現在坐在我眼前，跟我同樣是人類、那個沾吃的朋友——只要是人類的話——也跟我一樣是有欲求的存在，而他的德也是與生俱來的。我在渴求某樣東西的時候，就算具體的型態與我不同，那個朋友也會同樣擁有著渴求的心情。再加上他跟我一樣，是擁有「德」這項本性的人，所以應當作為一個道德的主體受到尊重。因此我如果無視他的欲求，而是照自己想要的淋上醬汁，會讓他感覺到受傷，而這又是件多麼不恰當的事。所以在吃糖醋肉之前，要先問對方：「醬汁你想怎麼弄？」然後在相互協議下，找出兩個人均可以吃得最滿意的方法：一半澆吃，一半沾吃，先分好。首先，先面對自己的情緒，煩惱在這樣的情況下應該如何實現自己與生俱來的德性，再展開行動。如此一來，孔子也會大為滿意的。

孔子雖說要認證自己全部的原始情緒，但也不會要人完全無視於自己的情緒，而一味去追求道德的行動。他只是說，要試著找到自己的情緒和實踐德行之間的妥協點。我們之所以要學習社會的禮節和規範，是為了更容易找出這之中的妥協之處。因為學過而不去「思考」，只會被動地去遵循規則的話，就不是真正的道德，不過是道德的虛假意識罷了。同時，就算有直視自己的情感，也要試著尋找實踐仁義的方法；但若不知道通用於社會的行動是什麼的話，也會相對地產生危機，意思就是有可能會無條件地以自己為基準去判斷對錯。熟悉社會的秩序和規範，同時不要忘記檢視自己的情緒，這才是能說自己並非倚賴任何人，而是依靠自己做出道德行為的必須條件。

雖然炸醬麵的誤會解開了

我曾經為中國竟然沒有我們常吃的炸醬麵這件事大吃一驚。炸醬麵在那之前都還掛著「中華料理」的頭銜，韓國賣的炸醬麵居然在中國當地是不存在的食物，這件事時不時就會被拿出來討論。但最近炸醬麵在地化得非常順利，韓式炸醬麵是韓國特有的料理，似乎變成了一個常識。現在再也沒有人會對炸醬麵產生誤會了。

據說韓式炸醬麵的起源——中國的炸醬麵在每個地方都有些差異。儘管如此，基本上，炸醬麵的醬汁是跟肉醬義大利麵的醬很相似的。如果說韓式炸醬麵的特色是在大量濃稠的春醬醬汁中拌入麵條享用，中式炸醬麵的醬汁在比例上則明顯地少上許多。中式炸醬麵是在稍稠的調味醬中加入絞肉等食材拌炒，再搭配額外的裝飾食材放在麵上享用。而且韓國的炸醬麵使用的是春醬（黑豆醬），甜味較為突出；中式炸醬麵則配以甜麵醬或用黃豆製成的豆瓣醬及乾黃醬，鹹味跟甜味比起來占了絕大比例。

雖然明明都起緣於中式炸醬麵，但韓式炸醬麵無論在味道或外觀上，都的確與中式炸醬麵稍微有所不同。就算原本是從中國來的，但現在已經變成名為「韓式炸醬麵」的另一種料理，甚至可以放進韓國料理這個分類。孔子的情況也跟這很相似。孔子的思想雖然提供了儒家社會的原型，使其奠基為現在的樣子，但實際上探究後會發現他的思想跟那是完全不一樣的。只是又能怎麼辦呢？孔子早已經處在深受誤會的狀態了。現在重要的是必須更積極地去解除這個誤會。

孔子是一個與繁文縟節、盲目順從規則、毫無通融的封閉社會秩序相距甚遠的人，不禁讓人疑惑他為什麼會遭受這種子虛烏有的誤會。據說始作俑者是漢朝的漢武帝，為了使自己的獨裁政權正當化，他利用了儒家，把正名之類的內容直接撇除，並將只要為人臣，就必須無條件遵從君主之意當成是孔子所言，且流傳於後世。

在這之後，好幾個政治家便把跟孔子的教誨脈絡完全不同的東西硬是塞進他的理念中，假借成他的思想，或捏造出孔子根本沒說過的話，對孔子作出各式大小的扭曲。於是現代人普遍了解的孔子，就變質為一個不問是非、推崇把現有的社會規範當成最優先，重視儀禮，且大多坐在書桌前，滿口文縐縐的人物。在這麼多年之後，孔子的文字讀起來還是讓人大感敬佩，由此可知，他在當時的影響力不容小覷。所以越是多人遵從孔子的理念，也就表示有越多人會去扭曲他的思想，就算不是刻意扭曲，也可能會出現很多對他思想有誤解的人。

會利用孔子思想的，還不只有想滿足一己私欲的掌權者們；那些研讀孔子教誨，自認追隨孔子的後世儒學者們，也出現了捏造孔子生平的舉動。他們為了掩飾自己信奉的孔子並未登上高位，也不是一個在政治上成功出仕的人物這件事實，杜撰了孔子的傳記傳至後世。

就連孔子親自教導的弟子們也不例外。不知是聽了孔子批判繁文縟節的教誨後忘得一乾二淨，還是明知故犯，假裝忽略老師會因此感到心寒。甚至有人彷彿要安慰生前無法登上高位的孔子，準備了足以侍奉君王的華服，為他舉辦葬禮。

孔子主張只要是人，人人都具有德，所以可以依德行去實踐「仁」。孔子的這種思想被人們的私欲扭曲到幾乎遺忘它原本的型態，似乎顯示出具有德行的人實在太少了的事實。

作為一個人類，應當要做出符合德行的行動，連學過這項教誨的儒子們似乎都背棄了孔子的信念，不禁讓人感到不勝唏噓。有點好奇，萬一孔子有天從墓中醒來，見到了這種情況，是否還能守住他對德行的信念嗎？

08

加工奶油與笛卡兒

想找真正的奶油，難如天上摘星

奶油是只要常備在冰箱裡，不管什麼時候都會成為很有用的食材之一。想吃點好吃的東西，若沒有什麼材料，此時奶油就可以派上用場了。雖然從它脂肪的成分來看，跟一般料理用油非常相近，不過若以奶油代替料理用油的話，成果可是有著天壤之別。

我們家的冰箱基本上是不會缺少青菜的，但就在某天冰箱只剩下洋蔥和一包有點枯掉的洋菇時，我把這些再簡樸也不過的食材倒進平底鍋裡，然後拿出奶油。等到在鍋中滋滋作響且融化的奶油，和食材們一起出現焦黃色的時候，從味道就能聞得出來，這是絕對不可能不好吃的。接下來，不管要加飯或加麵都沒有問題，因為料理已經充滿奶油的香味了。

如果常吃麵包，那奶油絕對是特別不可或缺的食材之一。先在麵包上塗抹果醬，若再塗上奶油一起吃，會比只塗果醬的時候好吃一・五倍；就算沒有果醬，只要在剛烤好的麵包上抹上奶油，就能體會到忍不住不停地把麵包塞進口中的奇妙經驗。我有陣子幾乎每天都會買全麥麵包，甚至買到麵包店的老闆問我，都用什麼搭配全麥麵包一起吃。我那個時候的答案也是奶油。因為我喜歡濃郁的牛奶香氣在口中蔓延開來的感覺，所以有時也會把厚厚的整塊奶油放在麵包上一起享用。老實說，我還曾經不配麵包，只單純地把整塊奶油放在嘴裡咬著吃，味道也不差。

總之，奶油就是這種以一擋百的食材，要是沒留心，一不小心全都用完了，真的會讓我非常困擾。平常我都是買起司的時候一起上網訂購奶油，但偶爾還是會有搞不清楚冰箱裡究竟還剩下多少庫存的時候。這時我就不得不趕快跑到住家附近的超市補貨（因為不吃到不罷休。）但不久之前我前往超市的乳製品區時，發現在市售的「奶油」產品中，想找到「真正的」奶油實在非常困難，這著實讓我嚇了一跳。比方架上擺了十種產品，其中大概會有九種是偽裝成真奶油的假奶油。你問：看起來都一樣的奶油，居然要區分真假是什麼意思？只要你隨便拿一個架上的奶油，仔細觀察之後，馬上就可以解惑了。

如果奶油的其中一面寫著小小的「加工奶油」，那就不是我們一般所認為的是用

據說同個製作公司也會推出加工奶油和天然奶油兩種產品。

百分之百的牛奶製成的「真正」奶油。減少乳脂肪含量，然後用相對含量的植物性油脂來取代之奶油，被稱為加工奶油。你也許會在外包裝上看到「植物性」這個詞。如果說只用從牛奶的動物性乳脂肪製成的產品叫做天然奶油的話，加工奶油除了植物性油脂之外，也會再加入香料等各式添加物。

問題是再怎麼把這種加工奶油放一大口塞進嘴裡，眼前也不會浮現成群在草地上奔跑的乳牛們。少了生乳而改成植物性油脂，所以沒有什麼香醇的牛奶香氣。如果好吃的話，熱量高也是可以允許的，但我可不是為了品嘗油味才特別買高卡路里的奶油。所以當我在直接挑選奶油時，一定會仔細閱讀外包裝。若包裝紙上寫的產品類型沒有多餘的文字，只寫著「奶油」的話就成功了。那就是用牛奶製成的「真正」奶油。

我思故我在（Cogito Ergo Sum）

如果笛卡兒生活的時代也有加工奶油的話，我認為他大概不會在《第一哲學沉思錄》中提到自己去市集，然後確信自己存在（Existence）的經驗。想必很多人都至少聽過一次笛卡兒的「我思，故我在」這個論點。用拉丁文寫的話就是「Cogito Ergo Sum」。「Cogito」是意為「思考」的「Cogitare」的第一人稱型態；「Ergo」是意為「因故、所以」的前置詞；而「Sum」以英文來解釋的話，就是意為「to be」的存在——「Esse」的第一人稱型態。

「我在思考」跟「我存在」之間，為何會用「因故」來連接呢？為什麼我在思考這個事實會佐證了我的存在呢？笛卡兒之所以會用「因故」作為這兩個句子之間的連接，很大部分是因為他的想像力。

先試想有某個全知全能的存在懷著惡意欺騙我們，而我們感受到的所有事物都不過是我們的幻想而已。雖然現在我看起來可能是在自己的眼前揮著手，但這全都只是假的影像；萬一我其實沒有手臂也沒有腿，只是顆沉在培養液裡，被注入了虛假幻象的腦袋而已呢？不，我可能連顆腦袋也不曾擁有。我們現在先試著對所有事物保持懷疑，如果不是完全沒有反駁的餘地的話，就要盡量懷疑到最後。

笛卡兒就是這樣想像的。因為，對於這個世界究竟是不是確實到足以讓人無法懷疑的地步，他保持懷疑。所以他決定要懷疑「世上的一切很可能都不是真的」，而展開了想像的羽翼。越是這樣懷疑，越會感到這世上似乎沒有能確實保證自己存在的東西。這瞬間，笛卡兒的腦海中浮現了一個念頭：如果我現在經驗的所有事物都是幻象，是被某個存在欺騙了的話，那無論如何「被欺騙的我」不就必須存在才對嗎？思考著自己或許是被欺騙了的我，難道不是應該要存在嗎？所以笛卡兒大聲疾呼：懷疑這一切的我、像這樣思考著的我，因故不得不存在著。

其實，甚至不用假設有全知全能的邪惡存在也沒關係。根據笛卡兒的見解，我們和看起來一樣，就算處在完全不擁有任何身體的情況下，即外部物質性的所有事物或許實際上都不存在，我們也能說服自己「我不擁有身體」。

如果我說服了自己某件事情，那就必須存在「被說服的我」和「進行說服的我」才行。於是在這情況下，也會得到必須要有「我」存在才行的結論。因此不管有沒有假定那個欺騙我們的存在，「我存在」的這個事實勢必會成為足以讓人無法懷疑的確實的「真」。

笛卡兒一直在追求基礎不被撼動的學問，於是他就在這一點拋下了定錨。思考的我必定會存在，一得出這個結論，笛卡兒便以此為基礎，想建立一個不被任何懷疑擊倒的確證的學問世界。然而在「我思故我在（Cogito Ergo Sum）」之後，知道笛卡兒說了些什麼的人便急速減少，也有一些人以為笛卡兒只證明完「我必然存在」之後就結束了，甚至還有人以為可以確認「我存在」的依據，只有前面提到的那個被惡靈欺騙的假設而已。但我個人認為之後展開的故事，才是真正的「節目開始」。

選擇奶油的瞬間，你正存在著

我這個人只要是面對吃的事情，就會毫不遲疑地寄予我的關注，就連挑一塊奶油也會把外包裝的成分全都掃描一遍之後再買。不過，要是拜託我那近幾年因為老花眼帶來的不便利而大肆抱怨的老爸去買一下奶油的話，會變成什麼樣子呢？還好我早就知道乳製品架上充斥著加工奶油，不然要是事前沒有提醒，就拜託他去跑腿的話，又會發生什麼事呢？不用看也想像得到，爸爸就算沒有大喇喇地買乳瑪琳回來，也會得意洋洋地買加工奶油回家。或許老爸的這種失誤，在我們討論笛卡兒的「存在」的狀況下，會稍微更有用一點也說不定。

笛卡兒提出「我不得不存在」這件事實之後，便開始探究「我」究竟是怎麼樣的存在。因為現在確證的只有「我存在」這件事實，所以笛卡兒極為慎重地檢討了自己過去既有的信念。平常我們以為身體屬於「我」這個存在，但身體真的是被賦予給我的東西嗎？這件事無法確信。我們前面不也曾假設過嗎？很可能是被惡靈騙了也說不定。然而我擁有的「思考的能力」，就算沒有身體，也始終都是屬於我的東西，不會改變。既然如此，這「思考的能力」便是「我」這個存在的本質。

現在又多了一樣確證的事實，我存在，並且我是一個在思考的東西——或者說我是一個精神。在這裡有一點需要注意，我感受的東西們（被我感受到的東西們），雖然是一些可以被懷疑是否實際存在的東西，但我的感覺能力是我思考的一部分，因此不管在任何情況下都確實是屬於我的。我想像出的東西（我想像出的產物）跟我想像的能力，也是一樣的。我在超市選奶油的時候，就算面前的奶油全都是幻象，我心裡「我在看著奶油」的這個念頭，則無庸置疑地是真實的。而且「心裡如此想的我」的存在，也是不可能被質疑的。

爸爸正在超市挑選奶油，想要請他買伊思妮奶油（Isigny butter）回來的話，應該要跟他說明正確的產品名稱和外型才對，可惜的是，我心想他自然「會」買，只要跟他說買「奶油」回來就可以了。我想要的是牛奶含量百分之百的香濃奶油。因為太急著想把奶油塗在麵包上享用，我又再度催促爸爸。於是爸爸沒有仔細觀察，僅是隨手抓了塊上面大概寫著「奶油」，正擺在他眼前的加工奶油，並且對於它就是奶油這件事感到深信不疑。完全沒想到回家之後，會見到烤好麵包等著奶油的我大發雷霆的樣子。

剛剛爸爸在超市挑選奶油，以為自己手中的產品是真的奶油的時候，他並不是小心地拆開那塊加工奶油，把它分成一塊一塊，動用所有感覺器官，最後才得出「這是奶油啊」的結論。應該說他只是憑著眼前模糊的視野大概得出了「這是奶油吧」的判斷才對。換句話說，就是他感受到加工奶油的同時，卻把它「認為」是真正的奶油。也就是說，不小心把加工奶油誤認為奶油的瞬間，那樣思考著的爸爸只能是一個「必然的存在」。

越感受便越鮮明的精神

到目前為止我們找到的不可質疑、百分之百確實的東西有：「思考的我」必須存在，以及思考的能力是我所確實擁有的。靜靜觀察這些就會得到一個印象，我們可以確信的事物，終究還是只有精神上的東西。難道，物質上的東西就全都只是幻象而已嗎？除了精神上的東西之外，難道物質上就沒有確實到讓人無法質疑的東西嗎？

先從結論開始說起，有的。先假設我們眼前放著牛奶含量百分之百的「真正」奶油。我們透過眼、手、口等感覺器官，去掌握奶油鮮黃的色澤、方正的形狀、柔滑的觸感，還有稍微碰到就會瞬間融化的口感等等。然而用奶油做過料理的人都會知道，被放在室溫下的奶油，質感會變得像流動的美乃滋一樣。加上加熱之後很快就會融化，看起來也會變得像食用油一樣。不過一小時之前，還是方方正正可以用手拿起來的奶油，現在外型就變得完全不同了。觸感、外型、口感，我們一開始透過感覺器官掌握的奶油特徵，竟會瞬間變得截然不同。那麼這些概念不管怎麼說，似乎都不屬於不可質疑的確實概念。

這時還有一個值得注目的事實，就是我們看著融化的奶油，仍會把它認知為「剛剛那塊奶油」。就算是生平第一次看見奶油融化的人也一樣。要是奶油在自己眼前融化了，就會心想原來剛才看起來還完好無缺的奶油，竟然會變成這副模樣啊。沒錯，就算是這輩子第一次碰到奶油，從沒想過它會融化，甚至連它融化後會變成什麼樣子都無法想像的人也是。考慮到這一點，這個人看到融化成液體的奶油，卻仍將其判斷為奶油的這件事，就絕對不是他想像的產物。反而是只依賴精神，才能確實清楚理解的東西。

因此我們對於物體，只有依賴精神去了解的部分才能得出百分之百確信的結論。而這正稱之為物體的廣延（Extension，延展性）。可以依照周圍環境伸展（延長）或縮小，改變外型的屬性。笛卡兒認為具有這種能力，並占據著特定空間的某樣東西，就是物質上的實體。

若這世上存在某個關於奶油、不可質疑且確實的東西，那會是撇除所有我們透過感覺器官能掌握的特徵（如口感、觸感、香氣等）後所剩下的廣延。無論是融化的奶油或凝固的奶油，都能讓我們認知它是同一塊奶油的「奶油的廣延」。

笛卡兒藉此強調，我們掌握某樣物體時，其實是以廣延為根據，判斷它是特定的實體，我們原本以為是透過感覺器官所掌握的物體，其實都是憑精神去掌握的。笛卡兒說，我們常假設物質的東西比精神上的事物更容易掌握，但那是一個「誤會」。我們以為自己透過感覺器官認知到某樣事物，但其實是透過自己的精神來認知的，於是對我來說最容易掌握的東西，終究不是物體，而是自己的精神。加上因為「依那樣的精神做出判斷的我」不得不存在的關係，「我」的存在藉由對外部的物體們做出判斷，會變得更加鮮明。

自製紅豆奶油麵包

以後你就算因為沒看清楚，不小心買錯東西，或許會變得沒那麼傷心也說不定。雖然買的東西是不想要的，讓你多浪費了幾塊錢，但若每次發生這種失誤，肯定會讓你的存在變得更加確切。不過，買奶油的時候，還是希望你一定要仔細看完外包裝之後再購買真正的奶油，不要買到加工奶油才對。除了成分不一樣之外，重點是吃起來味道差異很大，既然都要買了，就該吃好吃一點的奶油，不是嗎？

不管怎麼說，奶油還是要選伊思妮。©吳秀珉

雖然很多公司都有推出主打「純正奶油」的產品，但不管怎麼吃，我仍覺得伊思妮奶油（Isigny butter）是最好吃的。儘管我也吃過號稱奶油界精品的艾許奶油（Echiré butter），但似乎不太符合我個人的口味。

在對艾許奶油失望之後，我進一步了解才知道艾許奶油只在韓國和日本受歡迎。被更多人稱之為精品奶油的反而是伯迪耶奶油（Bordier butter）。據說這個牌子的奶油很少輸出到法國以外的地方，所以若沒有造訪當地的話，幾乎很難有機會吃到它。對於還沒吃過的我來說，尚且沒有機會判斷它到底是不是精品，再加上在國內買到的機會看起來很渺茫，所以到目前為止，我仍積極投資伊思妮奶油作為我的糧食戰備。

紅豆奶油麵包是我常用奶油製作的食物之一。只要有奶油、紅豆沙，和把這兩種食材包起來的麵包就行了，製作方法和需要的食材都非常簡單。麵包種類不管是法國的長棍麵包（baguette）、義大利巧巴達麵包（ciabatta）還是鄉村麵包（Pain de Campagne）都可以，只要買自己喜歡的麵包就好，我今天用的是從冰箱冷凍庫發現的全麥麵包，這是在我家附近的麵包店購買的。平常的話為了減少豆沙裡的糖，我都會親自煮紅豆沙，不過在經歷了今年夏天的酷熱之後，就沒有心情再長時間看著瓦斯爐的火了，所以今天的豆沙也是選擇罐裝的。紅豆奶油麵包的作法就是這麼簡單。

作為主角的奶油還是要選伊思妮奶油。如果想重現一下麵包店裡賣的那種紅豆奶油麵包，就不要學我一樣買個別包裝，而是買長條型的奶油，再一片片切下來用會更好。

底下的麵包選用吐司，放上適量的紅豆沙，奶油則維持冰涼的狀態直接擺上去，接著一口咬下這三種材料。口感香脆的吐司和甜蜜的紅豆，再加上滋味冰涼而純粹的奶油，完成了調和的味道。在這瞬間感受著「好吃」的我的確存在著，這個事實再真切也不過了。

把伊思妮奶油放在香甜豆沙上的紅豆奶油麵包。

09

為了國家的食譜

理想的食物

吃飯很重要。這似乎是一句極其明快又理所當然的話，從前我不覺得這句話有多貼切，猜想大概是從我開始親自下廚之後，才對這句話深有同感。就像一個人不到自己要買房子的時候，都無法了解家的可貴一樣。（沒錯，我最近因為想一個人住，所以有找過獨居的房子，但房價實在太高了，只得放棄了。）

被問要當吃飽的豬還是肚子餓的蘇格拉底之類的問題時，以前的我會假裝高尚，選擇作肚子餓的蘇格拉底，但現在則會毫不猶豫地選擇前者。人生竟然要失去吃東西的樂趣，不管知識程度變得再怎麼高，我也沒自信可以忍耐下去。比起精神上的幸福，本能的幸福在我的幸福裡所占的比例好像比較多，這點雖然也讓我有點慚愧，但只要一站在美食面前，我就會馬上屈服——這不叫幸福那什麼才叫幸福呢！真是永遠結束不了的進退兩難呢。

食物所帶來的幸福就是如此巨大。所以人們為了使那樣的幸福極大化，會四處奔走尋找美食，並為了追求自己想要的味道而開發新的食譜。在為得到幸福所作的投資之中，這種努力也是任何人最容易嘗試的，投資的結果也會馬上兌現，所以人人都非常關注美食。最近飲食主題的電視節目和主題如雨後春筍般大幅增加的原因也在這裡。因為這是人們能最快速、最輕易地得到幸福的方法。

人們在什麼時候會追求食物的理想型呢？首先太高級的食物要先從候補名單中劃掉。什麼松露啊、魚子醬啊，昂貴的山珍海味再怎麼多，因著久久才吃一次，還是很難讓人對「理想的松露」究竟是什麼味道有概念。要每天都吃松露，體驗過美味的松露、品質糟的松露，好的調理方式和不好的調理方式，才可以得知松露這種食物的基準何在。

從這點來看，我認為最常被人們追求的極致理想食物，或許是泡麵也說不定。泡麵每個人都吃過，而且還是吃過很多次的食物。調理的方法也極其單純，所以親自煮來吃的經驗想必也累積了很多。一邊嘗試糾正錯誤，一邊累積該怎麼煮才能完成以自己的基準而言是最美味的煮泡麵訣竅。

要說世上的「理想泡麵」食譜數量就跟人一樣多也不為過。每個人對於自己的食譜都有各自的堅持，所以人們會使用各種方法煮泡麵，也不遺餘力地為其付出必要的努力。有人用量杯精準地測量水量，也有人甚至動用計時器計算煮麵的時間；對於放麵條和調理包的順序亦非常計較，還出現了各式各樣的配料。煮泡麵的時候，每個人都會變成挑剔的專家，各自追求心目中的理想泡麵。

「國家」的配方

不知道柏拉圖的口味是不是很挑剔，所以關於料理，他或許也曾說服過別人「自古這道菜就該這樣烹調」也說不定。但就算是對哲學毫不關心的人，也至少聽過一次柏拉圖，他確實挑剔地寫下了「國家的配方」。

關於柏拉圖描繪的理想國模樣，我想各位至少有在學校、電視，或書中接觸過一次。我還記得中學讀到道德課本裡，柏拉圖《共和》的一小段，曾經感到難以言喻的荒謬。那種荒謬直到我成為大學生之後，仍有相同的感覺。也難怪，因為《共和》裡面寫的理想國，怎麼想都太不現實了。

首先人們要依各自的資質和傾向被分類為特定的階級。柏拉圖把人類的靈魂分成三個部分：智慧、勇氣和節制，並認為各個部分都要徹底發揮功能，才能達成絕佳的狀態。他還主張國家也要依此徹底施行另外三個階級：統治者、守護者和生產者，才能維持良好。此時制定的階級在這之後就不能再改變了，讀了這部分之後覺得好像有點恐怖。

接下來不是恐怖，輪到感覺荒謬的部分了。國家的女人們要共享丈夫！男人們也要共享妻子。也就是說男女之間，不存在藉由同居、結婚等達成一對一的固定關係。那麼懷孕和生子等繁殖活動是如何進行的呢？這個問題的答案開始漸入佳境。簡直就像為了得到品種優良的植物或動物，而讓具有優秀特質的個體相互交配一樣；也就是為了生出資質更優秀的孩子，由國家管理繁殖活動。由被規定好的人們來生下小孩，而如此被生出的孩子們則交由國家層級管理。他們不會在特定的一個家庭底下成長，而是由國家內的大人們共同養育，於是無法得知誰是自己的孩子，或誰是自己的父母。

孩子們成長到一個程度後，就會被分類為前述的三個階級之一。分類有著各式各樣的選拔程序，如果具有勇氣的話會被分在守護者階級，沒有的話就留在生產者階級。被分在守護者階級的孩子們會受到極嚴格的管制，進行共同生活。然後再從他們之中選出具有智慧的極少數優秀的一人，作為統治者——也就是國王。

像這樣具有智慧的統治者，通常被稱為「哲人王」。簡單來說就是哲學家之王的意思。柏拉圖說明因為哲學家追求智慧，並且又作為領悟那份智慧的人，知道什麼是正確的，所以不會被私人的欲望所擺布。他還說正因為如此，若讓哲學家成為國王的話，他就能夠為國家做出正確的選擇。這種哲人王的統治，某種程度上也可以說是一人專制的政治。因為所有決定都由哲人王一人負責。我們大部分都認為民主主義是最好的政治體制，但柏拉圖的想法

柏拉圖在《共和》中，透過與蘇格拉底和其他登場人物之間的對話，闡述自己的哲學思想。

不一樣。因為他認為與其讓無知的多人來統治，還不如由賢明的一人來經營，才能讓國家產生更好的結果。所以柏拉圖把最理想的政治體系設定為哲人王的一人統治。

讀完這些內容後覺得荒唐的一定不只我一個。雖然我們向來學到的是「民主主義是最好的政治體制」，而他完全相反的主張難免讓人覺得陌生，但柏拉圖經營國家的方式，越看越讓人起疑——從「他說這些是認真的嗎？」開始，一直到「說是社會主義也未免太社會主義了吧？」「居然說只有哲學家才能當國王，根本是自己想當國王吧？」等念頭，接二連三地冒出來。最重要的是柏拉圖竟把此實現可能近乎零的這種國家，提倡為最理想的國家形式，忍不住讓人覺得他是不是極度與現實脫節。

這本著作的確提出了將基於人類本性終究不可能存在的烏托邦作為理想國度的形式，是柏拉圖被評價為「與現實脫節的理想主義者」的重要原因之一。況且提到柏拉圖，怎麼可以不談理型論呢？連他的主張——世上存在著現實事物之本的「永恆不變的完美理型」[3]都考慮到的話，似乎才是讓他永遠擺脫不了理想主義者中的理想主義者的印象。

[3] 譯註：也有哲學家主張柏拉圖並不認為理型「實際存在」。就像理型和現實事物被放在不同次元討論，理型的存在方式也應與現實事物的存在方式不同，因此他們也認為柏拉圖的主張必須要以不同的方式來解釋。

雙腳站在現實之中的理想主義者

因為類似的國家形式主要都是在書或媒體等介紹柏拉圖的同時，不太完整地被提及，所以人們常相信柏拉圖是以實用為目的，認真地提出這種國家的形式。沒錯，柏拉圖的確是個理想主義者。比起憑現實中的感覺經驗能夠了解的事物，他對唯有利用精神上的知性來得到的觀念知識，有著更高的評價。他並表示應該要努力去掌握成為那種知識根源、永恆不變的「理型」。

以泡麵來比喻的話，就是比起直接煮泡麵來吃，去想像完美的泡麵理型（Form）更可以感受到較大幸福的意思。

但是對於自己所提出的國家形式無論如何都只是理想，柏拉圖有相當充分的認知。在《共和》中登場的人物（為柏拉圖辯護的）向蘇格拉底提出質疑：這樣的國家形式究竟是否可能實現，以及就算實現了，是否會連帶產生危險等，為此表現出擔憂。在第五卷中，蘇格拉底（即柏拉圖）甚至承認這種國家不過是典範（Paradeigma），也就是種範本罷了。[4]

柏拉圖的國家形式就像個比喻，他之所以使用這個比喻，應是希望自己在國家形式中所重視的價值，就算在現實中也能受到重視。比方說，他所說的以哲學家為王的設定，並非要讓跟自己一樣的哲學家

4 譯註：「那麼，你就不要老是要我證明，我用詞句描述的東西是可以完完全全地做得到。不，如果我們能夠找到一個國家治理得非常接近於我們所描寫的那樣，（中略）我自己就覺得滿意了。」在《共和》中為柏拉圖辯護的蘇格拉底，透過以上段落徹底表達了這點。

們變成優越的存在，而是為了讓智性（nous，或稱知性、理性）成為統治的基礎。不管統治者是一人或好幾人，在現實世界中能根本地依據統治者的智性來治理的國家，才是最理想的國家。在柏拉圖的國家形式中，守護者與統治者階級的私生活之所以需要被管制，也是為了想強調國家存亡的原因並不在於個人的私利，而在於全體人民的最大幸福。

為了實現「美德（arete）」，柏拉圖認為不該只單純用感覺去知覺面臨的事物，而需要把唯有透過智性才能了解的事物，應用在現實中遇見的事物才對。對於一輩子都沒看過泡麵的人來說，就算給了他泡麵的麵條和調味粉包，然後說「水龍頭和瓦斯爐在那邊」，他也沒辦法煮好泡麵。得先掌握調味粉包是什麼用途、麵條的熟度會依時間如何變化，及水量會如何影響味道等，之後再使用既有的材料，煮泡麵時才能完成完美的拉麵。

柏拉圖的國家也是這樣。跟我們所擁有的現實的國家不同，或許它終究是個不可能出現在現實，僅可能存在於腦海中的國家。但透過這樣的國家形式，只要腦海裡明白需要優先重視的價值為何，就能把它應用在現實的事物上。

這樣想的話，柏拉圖終於可以不用被評價為把性命賭在虛無飄渺的理想上的人（說泡麵多煮三秒就是煮壞了，直接整鍋端去水槽倒掉的那種人），而是雙腳穩穩地踏在現實之上，將現實作為一個較低的範本而去追求理想的人（邊吃邊抱怨加太多水味道很淡，想著下一次一定要煮得更好的那種人）。他雖然真心提筆寫下了《共和》，但目的並不是為了強求在現實中實踐這種國家。他反而希望讀者們能自動抱持著疑問——柏拉圖為什麼會寫下這樣的文字呢？讓讀者有機會去思考自己所居的國家的現實和理想。

我想，柏拉圖在《共和》之所以會提倡幾乎讓人難以接受的出格國家觀，應該很大一部分是擁有這種意圖吧。與其提出顯而易見的提案，讓任何人都能接受，倒不如丟出會讓人反問「這是認真的嗎？」的魚餌。這會讓人思考：柏拉圖為什麼要強調這種事，那和我重視的價值有什麼不一樣？和自己所屬的共同體是否相似等？自然而然會讓人試著想像比現在更好的共同體的樣子。

只要意識過一次什麼是好的，就不至於走到歪斜的路上，逐漸開始努力往正確的方向變好。只要是人類，就該努力去理解好（Good）的理型；一旦知道好的東西是什麼，就只能做出好的選擇，想到柏拉圖是如此相信著，便覺得就算《共和》中藏著這樣的意圖，也並不奇怪。

把第一印象壓碎吧

我心目中理想的泡麵，是沒有添加任何配料，只用原本的麵條和調味粉包，把麵煮成偏硬的口感，水加一點點，只稍微淹過麵條的那種感覺。蔥和雞蛋等一切配料都不需要。有句話說簡單就是美，我就是喜歡這麼單純基本的泡麵。我甚至也很少配著泡菜一起吃。要是有什麼小菜的話，偶爾也會挾一點來搭配，但無論如何，注意力都會放在最基本的泡麵味道上。

因為這個緣故，市面上不太容易找到讓我滿意的泡麵，所以也不常吃。本來我最喜歡的是辛拉麵，也最常吃，但不知從何時開始覺得味道變了，所以也已經很久沒買了。原本想著要換吃別的泡麵品牌，試了好幾種，還是沒有找到讓我滿意到覺得能完美取代辛拉麵的泡麵。再加上最近幾年，泡麵市場的潮流竟開始追逐辛辣的口味，對我來說就更難選了。我屬於韓國人裡怕辣的類型，連吃個泡菜都覺得辣，常邊哭邊吃的人就是我。

因為這些關係，我找不到理想的泡麵，不知不覺也已經好幾年了，但既然寫了關於泡麵的文章，我想就應該久違地來吃一下才對，於是去了住家附近的超市。結果有個微妙的東西闖進了我的視線。那是自從小學之後就與我無緣，帶著泡麵面具的零食——乾脆麵[5]。除了回憶中熟悉的BBQ和燒肉口味之外，旁邊還放著我這輩子第一次看到的口味。鮮綠色包裝看起來怪裡怪氣的，是芥末海苔口味的乾脆麵。

我對這個產品的第一個印象，簡直就像是柏拉圖的國家形式一樣，這不是應該僅存在於腦海中的食物嗎？出現在現實裡反而讓人感覺是危險的口味。但或許正因為這樣，反而引發了我的好奇，又或許是那過於異質性的包裝設計誘惑了我，回過神時發現我已經拿芥末海苔口味的乾脆麵去結帳，正在走路回家的路上了。

5 譯註：韓國不倒翁品牌推出的乾脆泡麵點心，類似臺灣的王子麵。

芥末口味的泡麵感覺也很適合出現在現實。

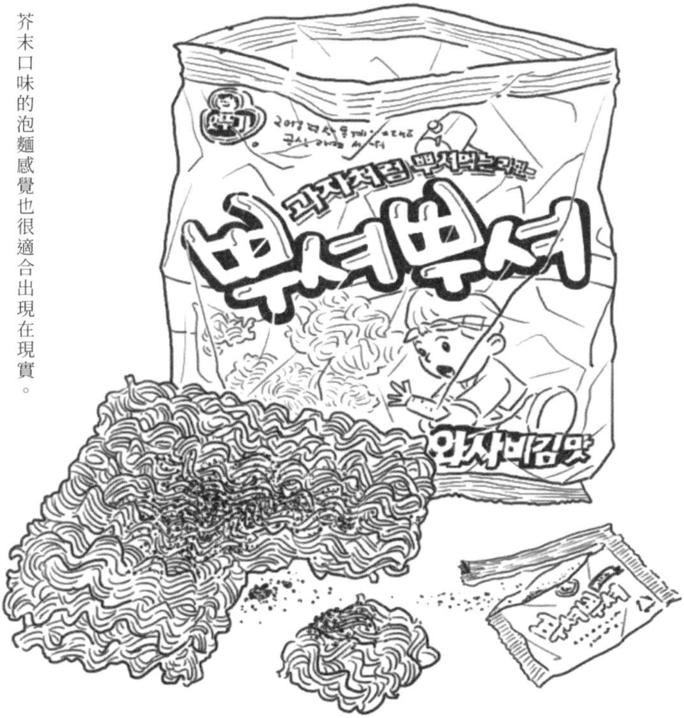

我帶著半開玩笑的心情拆開包裝，內容物的顏色比包裝更奇怪，接著打開調味粉包。等到我發現應該先把乾脆麵弄碎再撒上調味粉的時候，我已經把調味粉全部、通通都灑到麵塊上了。不敢置信自己居然會犯下這種菜鳥級的錯誤。都怪我超過十年以上沒有吃乾脆麵了。總之，我努力把麵體掰碎，半是好奇、半是驚恐地把暗綠色的一小塊麵放進口中的瞬間……天啊，這是什麼啊，簡直太好吃了吧！嗆辣的芥末滋味很正統，再搭配鹹香的海苔味，真的絕配。我雖然對辣椒的辣味很不在行，但對於芥末的辣味則是近乎上癮地愛著。瞬間就清空了一整包。

雖然不知道不倒翁公司的食品部究竟是想攻陷哪個族群，才開發了這款商品，但我覺得它用來當成下酒菜也是相當完美的。最讓人印象深刻的是，它完整重現了芥末的風味，讓人簡直不敢相信，它的價格不到韓幣一千元，卻是最近吃到的零食中讓我最滿意的。

原本以為長大之後就沒有機會吃到的乾脆麵，居然會讓我如此感動，這件事莫名有點傷害到我的自尊，又覺得有點荒謬，總之芥末海苔口味的乾脆麵被放到現實中，也已經被確認為是很不錯的美味，雖然不是真正的泡麵，但用來代替我理想中的泡麵已經夠格了。搞不好以後比起「煮」泡麵，我會更常「壓碎」泡麵也說不定。

10

單子（Monad）拌飯

越老越愛的萊布尼茲

一開始接觸到萊布尼茲的時候，我的印象就是：他完全不是我的菜。看到他的代表作《單子論》中每個項目都有號碼，我原本是非常期待的。因為我深感佩服的斯賓諾莎的《倫理學》，就是以每個項目都標註編號的方式寫成的。

簡直就像數學的證明一樣，萊布尼茲竟然也採用了斯賓諾莎讓理論上無懈可擊的主張能更被強調的形式。這位大叔看來也寫出了一番論調——我這樣期待著。但讀了之後，才發現那些數字大概只是為了讀起來方便而編列的。跟前面差不多的內容會重複好幾次，裡頭的論述也不是讓讀者完全無法反駁的壓倒性完美理論。甚至讓我忍不住想到他是多元論者這件事，或許因此影響了他的論述也說不定。無論如何，跟追求一個絕對原理的其他哲學家們比起來，萊布尼茲比較不死板（另外，斯賓諾莎則是一元論者，供各位參考。）

一元論者們認為世界上只存在著一個實體（主要是設定為神），但萊布尼茲等多元論者，則主張這個世界上存在著數個實體。身處一個從小就聽「多元社會的重要性」而厭煩的世代，或許我難免會覺得萊布尼茲的思想不是那麼有趣也說不定。人本來就是會被跟自己熟悉的東西不同或更加特別的事物吸引，不是嗎？

再加上我也對萊布尼茲所說的實體，也就是所謂的「單子（Monad）」還不夠熟悉。如果是新推出的概念，能用看的就理解的話最好，但「單子」也並非光憑眼睛就能確認的概念。在上理化課時提到原子如何如何、分子又如何如何的故事，之所以不太有趣，也是因為在我眼睛可見的範圍內，看不見原子或分子的關係。它們無論如何都是必須憑想像才能理解的對象。光用眼睛瀏覽就想理解亦需要一番努力，如果還要發揮想像力的話，感到抗拒也是理所當然的。反正，因為種種緣故，萊布尼茲就這樣被排除在「我的菜」之外。

但奇怪的是，人生之中時不時會突然出現一個片刻，讓人覺得萊布尼茲說的原來是對的，有時甚至還會激發出強烈的同感。我覺得萊布尼茲的思想是需要年歲才能理解的，難怪人們會對萊布尼茲有這麼高的評價，不禁感到肅然起敬。每當我在日常的某個瞬間想起萊布尼茲的話，而感到認同並用力點頭的瞬間，對萊布尼茲的愛意又再升高了一點點。

他們生活的世界

我以前還沒有這麼深刻的體會，但隨著時間過去，一年、兩年過去了，越來越常感受到人與人之間有著一條跨越不了的鴻溝。我和對方面臨同樣的狀況，但反應卻截然不同的時候。假如是無法純粹用「原來他跟我感受的不一樣啊」作結，反而出現全然相反的疑問——「怎麼有辦法用此方式接受這種狀況呢」——的時候，就會忍不住懷疑，或許那個人生活的世界和我的世界，只是單純有空間上的交疊，但其實幾乎是不一樣的世界吧。

理所當然般預想對方會有共鳴的時候，甚至還會感到有些不是滋味。走在同一條街上，看著同樣的東西，對我來說看起來像閃著粉色光芒的大禮物般耀眼的世界，對另外一個人而言，竟是不得不存活下去的沼澤般的地方。對方的觀點由他過去的經驗所構成，而那個觀點會影響他眼裡映照出來的世界，那麼他生活的世界和我生活的世界，到底可不可以看作是同一個世界呢？就算在物理上算是同一個地方，觀念上終究無法說成是同一個地方不是嗎？每個人似乎都是按照各自的方式來看待世界，然後在各自映照出的世界中生活下去的樣子。

每次有這種想法時，我就會想起萊布尼茲。萊布尼茲說世上的萬物都是由單子（Monad）組成的。所謂的單子，意為無法再被分割的最小單位的實體，因為這樣的定義，它也被比喻為科學上的原子。既然是無法再分割的最基礎單位，對於單子來說，就不會有剩餘的部分。所以單子不具有可以四處伸展的延長性，或者固定的型態。以結果來說，變得不太可能與外部對象互動。如果想和其他對象互動的話，就必須留有餘地讓所謂的「give and take」發生才行，但對單子而言，沒有能減去的部分，也不存在能添加的部分。於是便從此得出了單子無法與其他單子互動的結論。萊布尼茲也對此表示：「單子並不存在可供出入的窗戶（Les Monades n'ont point de fenêtres, par lesquelles quelque chose y puisse entrer ou sortir.）。」

不與外部發生交互作用，就表示光有自己便已非常足夠，意即不需要非得從外部得到什麼也沒關係。單子實際上就是如此。但不應該因為它不與外部互動，就誤會它是停滯的存在。相反地，單子是一種持續變化的存在。但這樣的變化並非從外部而來，只源於自身內部，這點非常獨特。

萊布尼茲曾言，單子裡頭裝著具體而多元的內容，能使該單子變化。但各個單子的內容都不一樣，儘管單子是「單一」的實體，也可能蘊含多樣性的存在，且每一個單子都可能成為世上獨一無二且具有獨特本性的存在。單子要實現這種變化的具體內容，也就是「多樣性」的需求，正是使單子變化的內藏動力與原理。

像這樣將單子自身所經歷的變化內容，實際表現於世界上的狀態，萊布尼茲稱之為「知覺（Perception）」。我們常認為知覺是由外部對象透過我們的感覺器官所傳入，然而根據萊布尼茲的觀點，所謂的知覺其實是各個單子固有的內部狀態，這就是他的結論。

萊布尼茲關注知覺的方式和我們日常的觀點有點不一樣，所以可能會讓人覺得有些陌生，但只要再稍微咀嚼一下，反而可以更切實地體會萊布尼茲的理論。如果說萬物都是單子，那麼人類也不例外。感知這件事也就是單子內部的「多樣性」實際表現出來的狀態，而每個單子的多樣性都截然不同，有一百個單子的話，它們也會有一百種不一樣的知覺。也就是說，單子去感知世界這件事，並不意味著多數的單子會去統一、接受一個世界，而是世界雖然僅有一個，但單子卻有無數個，感知世界的方式也就如同單子數量般非常多樣。

所以萊布尼茲說，這個宇宙被複製的數量，就跟單子的數量一樣多。而這句有名的話——「所有單子都是以自己的方式知覺宇宙的活鏡（un miroir vivant de l'univers）」——也正是由此而來的。我一開始讀單子論的時候，遲遲無法理解這句話為什麼有名。還以為它只是很詩意，讀起來很有味道，所以才會如此家喻戶曉。但似乎也恰恰因為這句話，說明了我在人生中感受到的人與人之間的「鴻溝」。

雖然活在同一個世界中，但不是所有人都對這個世界有同樣的感受，反而是每個人都各自展開自己固有的變化內容，所以彼此看的（感受的）世界便會有所不同了。我似乎從這開始才真正覺得，萊布尼茲把這個世界看得很清楚。

除此之外，因為單子不可能與外界互動，所以單子發生變化，進而產生感知，都僅由蘊藏於自身內在的因素所完成。這不禁讓人聯想到一個事實：就算周圍的人希望自己改變，他們給了所有可能的建議又為此焦心不已，但若自己沒有領悟、沒有下定決心要改變的話，就不會產生任何變化。此外，每一個單子都各自具有固有的變化可能性，且能實現那可能性的闡述，和我們觀看人類潛力的方式非常相似。隨著時間流逝，我對周圍的世界思考得越多，對萊布尼茲的哲學點頭稱是的次數就越來越多。

最完全的單子

單子將蘊藏於自身的變化內容，所實現出來的狀態，稱為「知覺」。但是這種感知能力並沒有同等賦予所有的單子。也就是說，每個單子的感知力程度是不一樣的。常被我們認為是無生物的書桌、石頭等，這些單子具有的知覺可以說處於「沉睡狀態」。

相反地，也存在透過感覺器官擁有較為敏銳的知覺，可以「記憶」的單子（如動物們）。再更進一步，單子們則因為擁有「理性」，能夠了解永久而必然的真理，這就是人類了。

因為人類擁有理性，可以自我反省，也能夠利用已經認知的真理進行更抽象的思索。越過經驗的世界，反覆進行需要用到理性的抽象思考後，就會和最終極的疑問正面相對。對於「我感冒了」這種經驗上的事件，也能輕易找出原因：「因為前一天有跟感冒的人接觸的關係」。然而對於跟我們終極的存在有關的問題——「這個世界（竟然還是以這種面貌）存在著」的原因究竟為何，卻無法輕易作出回答。只要有結果，就一定有某種原因，這是不爭的事實。但人類終究是不完全的單子，所以不具備能找出這種等級答案的知覺能力。我們需要擁有更完美知覺能力的單子才行——不知道你發現了沒，這樣的單子就是所謂的「神」。

萊布尼茲並不是憑空將萬物稱為單子的。根據他的理論，連神的實體都是所謂的單子。在各方面都是絕對的、完全的，終極且具根本性的單子。這裡有一個值得稍微探討的部分，如果說某個存在是完美的，就意味著它的存在（being）必定非存在（exist）不可。這個理論根據一種傳統觀點，因「不存在」被視為一種缺陷，所以「完美」這種屬性和「不存在」終究是無法雙雙成立的。因此若神在定義上是一個完美的存在，那麼神就必然只能存在。像這樣必然的存在，會成為使所有偶然的存在是可能的根源。換句話說，萬物生成的理由，或世上發生任何事的緣由，都是因為神。萊布尼茲表示數學的真理等也不例外，皆是有神的完美智性作為依據才得以為真。

前面我們已經確認過，一個世界是因為有無數的單子們，才得以用各種方式被感知。根據萊布尼茲的理論，這些之所以可能，還有發生這些的源由，都在於神。單子雖然支持著所有的宇宙，但每個單子都能更明確地感知神特別為該單子費心的部分，也就是為了該單子所特別分配的部分。因此同一個宇宙會以相互不同的方式被感知。同樣地，各式各樣的知覺之所以能夠不互相衝突，在世界上有秩序地共存，也是因為神的關係。單子雖然不會直接相互作用，但每個單子都會依神所預設的目的達到世界上的調和，這正是萊布尼茲的世界預定和諧理論。就算單子無法直接意識到，所有單子也會朝著神所刻劃的一個目的，相互關係並連結。

像這樣依神所設定的目的，依神之意達到和諧的這個世界，神作為一個掌控一切，積極而完全的實體，祂掌握著充分餘裕而作出選擇。我們則因為是不完全的人類，無法完美理解神的目的，所以可能會覺得這個世界充滿著邪惡與不合理。然而從擁有完美智性的神的角度來看，或許一切統合起來的時候，會意外地完成一幅美麗的圖畫。換句話說，這很可能才是最符合神所描繪的「結局」也說不定。萊布尼茲說，現在我們生活的世界是由完美的神所選擇的，所以是現實中最好的世界。

「現在這個世界竟然是最好的世界？」若是有些人能夠不太抗拒，就會有一樣的感覺的話真的很幸運，不過大概普遍都會像我這樣反問回去。不過萊布尼茲的確是很樂觀的。他主張雖然宇宙的數量可以是無限的，但現存的這個唯一的世界，則實際上是可能的世界中最好的一個。他還相信人類是與神最相似的神的造物，所以可以透過理性領悟神的目的，作出與其相符的行動。無論從前或現在，我都不知道萊布尼茲的這種想法到底對不對，但是有件事是真的——在我看來，要繼續生活在這個不是最好的世界中，樂觀論比悲觀論來得有用太多了。

單子拌飯

每個不同的單子，為了神所設定的一個目的，在宇宙中按照各自被賦予的使命行動。這樣的假設讓我想到拌飯和沙拉等類似的食物，可能有點太顯而易見了也說不定。但哪裡還有比它們更合適的例子呢？我就是朝神所設定的目標——「好吃」邁進，讓各式各樣的材料在一個碗裡各自發揮自己的本分。今天就來吃拌飯吧。

其實這並不是拌「飯」，因為連一粒米都沒有放進去。這個料理是我看了喜歡的漫畫家高木直子的書才知道的。借高木小姐的話來講，這道料理的名字叫做特製納豆。這道料理出現在美食漫畫《一個人好想吃：高木直子念念不忘，吃飽萬歲！》裡，是在納豆裡加入各種食材努力攪拌，利用納豆的黏液讓所有食材都變得黏乎乎後才享用

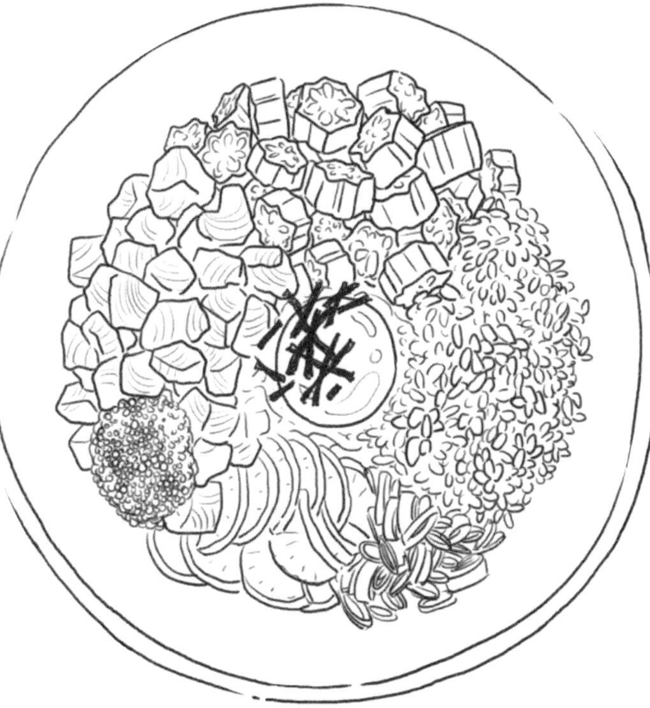

加了秋葵、鮪魚、生蛋、整顆芥末籽醬的拌飯。

的一道料理。裡面加的食材雖然跟拌飯的不同，但我想，料理製作的原理基本上跟拌飯是一樣的。

我在納豆裡加了秋葵（我超愛的星星形狀蔬菜）、鮪魚生魚片、醃蘿蔔、蔥、生蛋，再放上一匙整顆芥末籽醬。再來就只剩用筷子努力攪拌了。這些甚至被稱為納豆「絲」的黏液是在大豆發酵過程中產生的，發酵程度越高，黏性就越強。多虧它這麼黏，用筷子拚命攪拌後變成幾乎接近龍鬚糖的樣子。

如果不喜歡吃納豆的話，也可以吃傳統的拌飯。拌起來的功夫會輕鬆許多。我做家常拌飯吃的時候，常加以下的食材——生菜、綠豆芽、紅蘿蔔和辣椒。之所以不用黃豆芽而改用綠豆芽，是因為綠豆芽的味道不像黃豆芽那麼突出，適合拿來搭配其他食材。我會把綠豆芽稍微川燙，或者簡單用微波爐微波一下，去除水分後再使用。除了最基本的生菜之外，還會依季節放一些水芹或者茼蒿。在加水芹的日子裡，我的拌飯醬裡就會再多加一點醋。

我也會把海苔撕碎，大把大把地撒在拌飯上。雖然要不要加海苔是個人喜好問題，但我喜歡將它堆得像山一樣高再吃。最後，不可或缺的就是荷包蛋了。我是那種只要吃拌飯，荷包蛋至少會加四顆以上的人。把蛋煎成半熟，等到咀嚼到口中覺得越來越辣的時候，再咬上一口軟嫩的蛋。雖然準備過程還滿複雜的，但為了感受如此美妙的滋味，再怎麼麻煩也不覺得辛苦。我就這樣籌畫著這「味道的結局」，今天早上也吃了拌飯當作早餐。

11

在流動的江水中吃涮涮鍋

一分熟愛好者的辯解

雖然我對食器或器皿不是很關心，但我有一個格外珍惜的碗。不是因為設計特別美，反而只是件可以稱得上是樸素、沒有花紋的黑色碗。這是在我的飲食生活中經常登場、經常用到、絕對不可或缺的一個碗。當然，用來裝沙拉或者裝一些顏色鮮豔的食物時，黑色的碗和食物的顏色會產生強烈的對比，看起來也的確很漂亮。不過這個黑色碗至少對我而言，是在拿來吃肉的時候，才得以發揮它真正的價值。原因無他，單單是因為它可以讓血水看不太出來的關係。

你可能會疑惑突然講什麼血水啊，又不是要用在料理前去血水的準備過程，而是拿來盛裝做好的料理。還沒上學之前就很愛吃生肝料理的我，最愛吃還帶點血的肉。吃牛肉的時候當然不會將肉弄得太熟。只要表面有熟，就會馬上關火，再用餘溫加熱一至二分鐘左右，結束。如此一來，切肉的時候血水才會汩汩流出，相當好吃。但好吃歸好吃，說真的就連覺得那很美味的我，也沒辦法覺得從自己正在吃的肉中流出鮮紅色血水的模樣，會令人看起來愉悅。所以這時就會拿出黑色的器皿，就算血水留在黑色器皿上，看起來也不會很明顯；味覺需求和視覺需求果然是兩回事啊。

可能有人會覺得很驚訝，我連料理豬肉，都只會把熟度控制在血色沒有完全消失的程度。因為那樣吃起來肉質更嫩，味道也很棒。如果被某人指責豬肉不能不夠熟的話，我也早已準備好了答案。據說在韓國國內，已經不用再擔心豬隻引發的寄生蟲感染了。我偶爾也會把調理時間計算錯誤，不小心讓雞肉熟度不夠（您有吃過血水一滴一滴落下的雞肉嗎？），甚至在小時候因為懶得再加熱，就直接把沒熟的雞肉吃下肚的次數也不只一兩次了。但對於雞肉，我不會因為追求味道而刻意讓它不熟，因為雞肉的確是不夠熟不好吃。

對喜愛吃不太熟的肉的我，稍微把肉燙熟後直接享用的涮涮鍋是一種很有魅力的料理。只是吃的方法有點麻煩。要一直調整火力，材料也必須時不時地加進去烹煮享用。但是涮涮鍋有一個跟其他食物很不一樣的地方，它可以說是完全沒有固定的狀態；鍋子裡的高湯因為被火加熱的關係不停沸騰著，高湯的味道也會因依什麼順序放入什麼樣的食材，而持續產生變化。正當我一邊思索這些事情，一邊把肉放進高湯裡涮再拿出來的過程中，突然想起了赫拉克利特。就是說出「不能踏進同一條河兩次」之名言的主角。現在是時候來探討一下他了。

人不能踏進同一條河兩次？

如果要形容讀古代哲學的樂趣，我會說是「你也不知道，我也不知道，我們全都不知道」。當然，所謂的不知道，並不是「無法理解」，而是「究竟代表的是什麼意思，還不夠清楚」。古代哲學家們是久遠以前的古人，流傳到現代的資料並不充足，就算有資料，也會根據古代希臘語是如何被翻譯的，而讓文獻的意義變得不同。

在樓梯下托腮坐著的人物正是赫拉克利特。——拉斐爾《雅典學院》。

蘇格拉底之前的哲學家們尤其處於這種情況中，其中赫拉克利特以留下許多謎一般的話語著稱。他的說法本身就很模糊，談論的內容也很模糊，據說不只後世的人，就連同時代的人也認為他的話很難理解。

在赫拉克利特的思想中，最有名的就是世上所有事物都處於不停變化的狀態。他說就像河水一樣，沒有一個瞬間是固定的，會持續不停地流動。在這樣的脈絡下一起登場的名言是：「人不能踏進同一條河兩次」，但這是柏拉圖把赫拉克利特謎語般的話擅自梳理後的版本。將疑似與赫拉克利特原文最接近的版本翻譯出來的話，大概是：「對踏入相同狀態的河的人們而言，已是流過了不一樣的東西，和不一樣的水了。」讀完這段文字，可以解釋成狀態相同的河，或者也可以解釋成進入河裡的人們維持相同。就算能夠展開的方向只有一個，也存在著各式各樣的解釋；然而，若是連展開的方向都有好幾個的話，這句話便自然會被後世的哲學家們恣意解釋，眾說紛紜。

流動著「不一樣的水」的「相同的河」，這段文字乍看之下可能讓人覺得有些矛盾，但只要仔細想，新的河水必定要持續流動，才能使河流存在，就不會感到如此矛盾了。不要只單純思考「河流」的定義，而用譬喻的方式去讀這段文字，其他的解釋也是說得通的。必須透過不停流過不一樣的水，也就是持續的變化，河水才能夠以一貫的狀態存在著。

為了總是維持在同一個狀態，反而得要求持續不斷動作的情況並不罕見。涮涮鍋裡的高湯若要從頭到尾保持在同一個溫度、同一個味道的話，就不能照著一開始原有的狀態直接放任不管：火力要適度調節，高湯燒乾了的話調味可能會太重，所以要再加水等等，達到高湯的所有要素必須持續地不停改變。

這種解釋也就表明，若要處於一貫的狀態，反而需要持續變化的這件事。或許考慮到赫拉克利特整體的思想，可以被解釋得更自然也說不定。因為他常說，徹底相反的要素其實有彼此相近的地方。他還說過，「我們活著也死著，醒著也睡著，既年輕而又年老。」相反的要素會互相向彼此靠攏變化，從這點來看，它們便是相同的東西。

雖然總覺得非常深奧，有種似乎盛裝了這世界原理的崇高感，但其實沒有必要從那麼遠的地方去尋找例子。生和熟這兩種屬性便是如此。涮涮鍋裡食材的生熟與否，界線沒有辦法被確實定義，假如看著生逐漸往熟的狀態改變，想必就能感受到如赫拉克利特所言，相反的兩種屬性的確像是相互具有連結般。

有趣的是，對於像這樣持續變化的世界，赫拉克利特舉了「火」作為說明的原理。我原本就想提到涮涮鍋的火也需要調節，這可不是神奇的偶然啊。他之所以假定火作為世界的原理，是因為在足以支撐他前述思想的自然界產物之中，火是最適合的。想像一下，燃燒的火焰跟靜靜盛裝在碗中的水或靜態的土不同，火焰上升的高度會持續發生變化。雖然空氣也是持續運動的，但若是火的話，則可以用眼睛親眼確認其動態，有著決定性的差異。

像這樣明確將變化呈現在我們面前的火，也可以是引起變化的原因。只要開始烹煮涮涮鍋，湯汁便會滾滾沸騰，其中一部分成為水蒸氣蒸發。讓水沸騰，使其從液態轉為氣態的力量，就是火。而在炭火上放上肉，透過將生肉烤熟，呈現出生和熟兩種相反屬性終究屬於同一變化的過程，也是火。因此，赫拉克利特認為，這世界上的所有事情終究都是由火去改變其樣貌的。也就是說，這個世界本身就像是一團巨大的火一樣。

後代的人們並沒有因為難以理解赫拉克利特模糊曖昧的話語，而不去關注他的哲學。反而因為其模糊曖昧，更引起眾人的興趣，甚至說他是在蘇格拉底之前的哲學家中，最有影響力的人物之一。赫拉克利特的思想受到許多追捧，人們對於他說的話提出了各式解釋，接著又提出對那些解釋的反駁，發展出新的闡述。

他的哲學如謎語一般，或許正是因為有著不間斷的辯論，才能以模糊不清的狀態存在也說不定。就像水因為不停流動，所以不可能存

涮涮鍋正在不停地變化中。

在如一貫狀態的河流一樣。不，或者應該說，正因為「模糊」和「明確」是兩種相反的屬性，才能作為同一件事共存於赫拉克利特的哲學中？雖然很難確實給出答案，但有一件事是確定的——他果然是個謎一般的人物呢！

12

哲學，人生的鹽和胡椒

鹽和胡椒的魔法

我在國中歷史課的時候，聽到歐洲曾經發生為爭奪胡椒而引發戰爭的故事，不禁覺得既驚訝又好笑。一是無法想像只要走進廚房就可看到，不過數千韓圓就能入手的胡椒到底有什麼了不起的，竟然還能引發戰爭；二是覺得不過想讓食物變得更美味一些，竟然有人為此拚上性命，令人大感心酸啊。就算知道當時的胡椒還是新產物，而食欲是人類最大的欲求之一，但胡椒戰爭對於那時的我而言，仍然不太有同感。隨著我開始自己下廚，事情變得不一樣了。

我開始能切身體會那些為了搶奪胡椒而引發戰爭的古人們，究竟抱著什麼樣的心情。加鹽不加鹽的差異究竟有多大，哪怕只是做過一次蒸蛋的人想必也能非常了解。料理的生命正在於適當的調味。原本只是「可以吃」的食物，在加上調味之後，竟變身成為美味的料理。直到剛才為止都沒什麼味道的番茄濃湯，在加了鹽、胡椒和巴西里調味過後，瞬間變得美味起來。這事真的不禁讓人覺得宛如魔法一般。

儘管沒有各式華麗的辛香料，只要有鹽和胡椒，幾乎都可以做出想要的味道。就算缺了巴西里，僅在番茄濃湯裡加了鹽和胡椒，也能帶出鮮美的爽口滋味。此外，鹽不僅可以帶出肉的鮮味，就連肉質都能因此產生變化。烹煮肉類之前如果經過鹽醃的過程，就能同時讓味道和口感提升。

這樣看來，食物中不可或缺的要素就是鹽和胡椒了，但其實少了這兩樣東西，也不會對生存造成什麼問題。鹽裡頭含有的鈉雖是維持生命必需的養分之一，但其實從自然食物裡就能獲取足量的鈉。作為一種調味料，鹽存在的最大目的終究在於「味道」。胡椒則一開始就不具營養價值，它所扮演的角色僅就是可以帶出食物風味而已。就算活在沒有鹽和胡椒的時代，食物毫無滋味，古人們也能將就地吃下藉以延命。

但只要嘗過一次加了鹽和胡椒的食物，就很難再重回無味料理的人生了。所以我想，在過去沒有胡椒的情況下，人們第一次品嘗到胡椒的威力，的確大到足以讓人引發戰爭呢！因為只要加了鹽和胡椒，就會變得如此與眾不同啊！原本單純填飽肚子的事，竟能化為喚醒所有感官的幸福時光。人們就是因為這樣才打仗的，彷彿回到了中古時代，我極度感同身受。

撒在人生中的鹽和胡椒

我的人生中也有像鹽和胡椒一樣的存在。撒過一次之後，就迷上了那個滋味，變得非加不可——我說的正是哲學。為何非得用鹽和胡椒來比喻呢？因為就算不懂哲學，也不代表人生會出現什麼障礙。反而可慶幸少了一件麻煩事也說不定，就像省略調味的動作，等於是在料理過程中省略了一個步驟般。但既然能夠增加美味，就不得不繼續撒上鹽和胡椒了。哲學也是如此，執意學習哲學其實是件滿累人的事，然而一旦讀了之後，便會沉迷於此道，想要繼續學習下去。

如果說鹽有鹹味，可以替食物增添風味，讓料理成果提升到不同的層次；那麼哲學就是去思考「只有哲學可以處理的問題」，並透過提出答案，讓人生提升到新的境界。就算沒學過哲學，我在看書或看電影的時候，很可能也煩惱過什麼是「好書或好電影」。但你有思考過這樣的問題嗎？——「所謂的『好』究竟是不是能夠被定義呢？」我敢說，在學習後設倫理學之前，我出生在這世上二十多年以來從未思考過這種問題。然而只要有過這樣的經驗，之後便會一直把那些事放在心上。那些到目前為止沒有聽過，且不曾覺得有必要去聽、不同於以往的立場。

過去接受得太理所當然的事物，還有那些因為難以回答，一開始就不想去思考的東西。透過哲學去探索這些問題之後，我生活的每一天便開始變得有些不一樣了。就像到目前為止都只生活在陸地上，卻在某一天突然飛向天際，得以用從未經驗過的視角去俯視世界一樣。讓人不禁開始思想：原來還有這種看待世界的方法啊。哲學讓我得以看見以往看不見的地方，見到從未想像過的風景，就像鹽一樣，

無論人生或食物，都需要鹽分。

把生活的滋味帶向另一個次元。

雖然肉直接沾鹽和胡椒享用也很好吃，但下廚的時候，把鹽和胡椒撒在肉上會更美味。用鹽水醃過的肉含有水分，會變得柔嫩許多；如果肉有腥味，用胡椒去腥就可以了。鹽和胡椒是讓肉吃起來更方便的頭號功臣。哲學也讓我更舒心，因為它讓人生變得更加舒適了。為了徹底地議論，必須先從確立語言開始，此話的確不假。因為必須有適當的道具，才能更仔細地分析現象。從這層意義上看來，哲學是一項道具，以

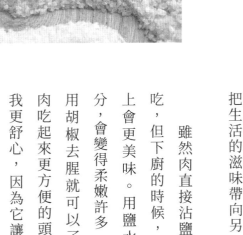

整理好的方式讓我得以知曉自己正經驗的世界。

既然已經在邏輯學中學到好的論證為何，在說話或思考時，便會意識到那些敘述是否有被建立在好的理論之上，接收別人的話語時也是一樣。如果說我從前只會把聽到的內容直接塞進腦中，那麼現在則變得不管是多了不起的話語，都會試著去思考它究竟是否妥當，若不妥的話又是因為什麼。因此各式各樣的想法不會被胡亂堆在一起，而是被收進有隔層的抽屜裡，仔細地分類好。當然，若不具有收納的價值，也會在一開始就捨棄掉。因此馬上就能深切體會到腦海中變得清澈透明的感覺，因為我要接受的方式本身已經具有體系，能以更舒適的態度去接受現在經驗到的所有事物。

哲學的魔法

原本主修科學的我，剛把主修換成哲學的時候，曾經和一群人在某堂課裡，一起思考「哲學是否具有實用價值」這個問題。結果既有趣又出人意料。這是我學科學時沒人問過的問題，而且是個很難輕易給出答案的難題。那天我們得出的結論大概是：哲學雖然不實用，仍可能很有價值。

奇怪的是，我越學哲學，就越擺脫不了哲學很實用的念頭。哲學可是對我的人生經驗造成了莫大的影響呢。實用的定義，不就是實質上有用的事？如果我可以實際體會到在自己人生中發生的正面變化，那麼光憑這點，不就可以說明哲學的確很實用嗎？

我想應該不會有人去否定鹽和胡椒在料理中的實用性。那麼假設哲學對於人生而言，功用就像鹽和胡椒一樣，更何況對象還是我身處的人生，我覺得哲學一定比任何東西都更加實用才對。

於是我繼續在人生中撒上哲學。如果去計算鹽和胡椒在完成的料理中占多少分量，其實真的微乎其微。但要我說，這少少的一點點，就像在食物中撒上魔法的鹽和胡椒，哲學為人生帶來的變化也像是魔法，這個心得聽起來會不會有點太哲學了呢？或許無需使用到「人生」這種感覺很了不起的詞彙，它只是讓我所度過的每一個日子，都感受到了過去所沒有的滋味，為淡而無味的日常加點味。現在沒有撒上哲學的每一天，對我而言都變得一點也不有趣了。

我相信鹽和胡椒在食物上所展現的魔法，也相信哲學在我人生中所展現的魔法。所以未來也想繼續在人生中撒上哲學。你有什麼像是由胡椒引發戰爭一樣，必須賭上性命的事嗎？或者是因為找工作不順利，必須認真地開始煩惱生計？那麼我們等於又多了一個共通點。所以我可以更自信地大聲說出來：請在人生中撒上哲學吧，因為真的會變好吃的！

結語

我常覺得哲學就像遊戲一樣。告訴你一定的規則，按照規則得到最高分的人就贏得了遊戲。人們只要一開始爭論是非，好像就會因為情緒激動，幾乎不願意傾聽別人的話語，而只願意相信自己。但最終彼此都只會不停地重複著自己想說的話而已，在這樣的情況下，便不可能產生任何結果，因為狀況不會前進。遇到這種情況，哲學便會告訴我們——「遊戲的規則」。

「請各位把自己相信的事作為主張提出來。但想如此做的話，首先得一併準備能讓自己的主張最像回事的論證。提出論證時要參考邏輯學中有的規則。那現在，在這之中找到最正確的，且沒有違反規則的人就贏了。」

在這個遊戲間裡，要是你不管別人說了什麼，都想先耍賴說自己的想法是對的，可是沒有用的喔，只會被強制退出而已。想要反駁的話，得按照規則一條一條反駁才行。首先得整理好對方說了什麼，接受之後再來討論問題在哪裡。如此一來方能合法地在遊戲中獲得勝利。

當中有一些人雖然很守規則，卻帶來了一些幾乎脫離常識，感覺彷彿是另一個世界的故事內容。他們在新的定義和假定下所提出的主張，實在極度陌生，或許會讓人覺得連聽都聽不下去。但不能單純因為不滿意內容，就大聲斥退對方的意見，因為這是違反規定的。萬一探討過這些人的主張，卻發現他們沒有一件事是違反規定的，那麼不管對內容再怎麼不滿意，都必須先接受他們的意見，才能成為一個好的玩家。

假如世界是遊戲中的地下城，手持越強的武器就越有利。如果說玩家的職業是戰士的話，那麼當然會配「武器」的裝備；假如是魔法師的話，可能會擁有比起武器更熟悉的「魔法」技巧。雖然也可以用劍砍地下城出現的怪獸，但也可以從遠距離施展魔法打怪。假設可將常被稱為實用知識的學問視為是戰士職業用的武器的話，哲學可能就是魔法師的魔法也說不定。儘管形態不同，適用的打法也不一樣，但並不表示不用武器，魔法師就打不了怪。就像武器一樣，魔法也具有足夠效力。

倘若無意往學界發展，想光憑哲學學位就業，幾乎可說是相當困難；也有人會帶有偏見，認為主修哲學的人都覺得俗世很愚蠢。

大概是因為所有人都認為從某方面來說，哲學是跟實際的東西相距甚遠的學問。就像我透過前文敘述的一樣，哲學會為人生帶來實質的變化，而且是往好的方向邁進。因為發現那樣的變化，感到愉悅而動筆寫下的文章，都裝在這本書裡。

我常被問，哲學被說成「無用」，我是不是也覺得無所謂；或者聽到人家說哲學正是因為無用，才有價值。但我每次聽到這種話，就很想問：

既然是哲學讓我現在生活的每一天能過得更好，那我的人生中，是否有比哲學更有用的東西呢？

啊，當然對於這個問題的答案，要在定義什麼是過得更「好」

之後，才有可能得到解答。這才是值得哲學去處理的問題。今天的人生，果然，也需要哲學。

國家圖書館出版品預行編目 (CIP) 資料

餐桌上的哲學課：吃鯛魚燒遇到康德？煮拉麵秒懂柏拉圖！好吃就是零卡路里？原來哲學竟如此美味！ / 吳秀珉著 ; 徐小為譯 . -- 初版 . -- 臺北市 : 創意市集出版 : 家庭傳媒城邦分公司發行 , 2020.10
面； 公分
ISBN 978-986-5534-10-3(平裝)

1. 哲學 2. 通俗作品

100 109011702

餐桌上的哲學課：吃鯛魚燒遇到康德？煮拉麵秒懂柏拉圖！好吃就是零卡路里？原來哲學竟如此美味！

作　　者｜吳秀珉
譯　　者｜徐小為
責任編輯｜陳姿穎
內頁設計｜IMMI Design 工作室
封面設計｜任宥騰
行銷企畫｜辛政遠、楊惠潔
總 編 輯｜姚蜀芸
副 社 長｜黃錫鉉
總 經 理｜吳濱伶
發 行 人｜何飛鵬
出　　版｜創意市集

發　　行｜英屬蓋曼群島商家庭傳媒股份有限公司城邦分公司
歡迎光臨城邦讀書花園網址：www.cite.com.tw
香港發行所｜城邦（香港）出版集團有限公司
香港灣仔駱克道 193 號東超商業中心 1 樓
電話：(852) 25086231
傳真：(852) 25789337
E-mail：hkcite@biznetvigator.com
馬新發行所｜城邦（馬新）出版集團
Cite (M) Sdn Bhd
41, Jalan Radin Anum, Bandar Baru Sri Petaling,
57000 Kuala Lumpur, Malaysia.
電話：(603) 90578822
傳真：(603) 90576622
E-mail：cite@cite.com.my
展售門市｜台北市民生東路二段 141 號 7 樓
製版印刷｜凱林彩印股份有限公司
初版一刷｜2020 年 10 月
I S B N｜978-986-5534-10-3
定　　價｜380 元
若書籍外觀有破損、缺頁、裝訂錯誤等不完整現象，想要換書、退書，或您有大量購書的需求服務，都請與客服中心聯繫。

客戶服務中心
地　　址｜10483 台北市中山區民生東路二段 141 號 2F
服務電話｜(02)2500-7718、(02)2500-7719
服務時間｜週一至週五 9：30 ～ 18：00
24小時傳真專線｜(02)2500-1990 ～ 3
E-mail｜service@readingclub.com.tw